Louis DELOURMEL

BIBLIOTHÉCAIRE-ARCHIVISTE DÉ LA VILLE DE BREST

TABLE

DES

Mémoires contenus dans les Bulletins

DE LA

SOCIÉTÉ ACADÉMIQUE DE BREST

(1858-1910)

BREST

IMPRIMERIE COMMERCIALE DE LA « DÉPÈCHE », 25, RUE JEAN MACÉ

1910

LISTE

DES

Présidents de la Société Académique

Depuis sa fondation

MM.

1858-1869. **Levot (P.)**, Conservateur de la Bibliothèque du port de Brest.

1869-1873. **Du Temple (L.)**, Capitaine de frégate.

1873-1878. **Levot (P.)**, Conservateur de la Bibliothèque du port de Brest.

1878-1879   **De La Barre-Duparc**, Colonel du génie.

1879-1895. **Coutance (A.)**, Pharmacien-Professeur de la marine.

1895-1897. **Langeron (E.)**, Professeur d'histoire au lycée.

1897-....... **Hébert (J.)**, Docteur-Médecin.

TABLE DE CONCORDANCE

Des Bulletins

TOMES			ANNÉES	TOMES			ANNÉES
Série 1,	tome	I	1858-1860	Série 2,	tome	XIV	1888-1889
—	—	II	1861-1862	—	—	XV	1889-1890
—	—	III	1863-1864	—	—	XVI,	1890-1891
—	—	IV	1864-1865	—	—	XVII	1891-1892
—	—	V	1868-1869	—	—	XVIII	1892-1893
—	—	VI	1870	—	—	XIX	1893-1894
—	—	VII	1871	—	—	XX	1894-1895
—	—	VIII	1872-1873	—	—	XXI	1895-1896
Série 2,	tome	I	1873-1874	—	—	XXII	1896-1897
—	—	II	1874-1875	—	—	XXIII	1897-1898
—	—	III	1875-1876	—	—	XXIV	1898-1899
—	—	IV	1876-1877	—	—	XXV	1899-1900
—	—	V	1877-1878	—	—	XXVI	1900-1901
—	—	VI	1879-1880	—	—	XXVII	1901-1902
—	—	VII	1881-1882	—	—	XXVIII	1902-1903
—	—	VIII	1882-1883	—	—	XXIX	1903-1904
—	—	IX	1883-1884	—	—	XXX	1904-1905
—	—	X	1884-1885	—	—	XXXI	1905-1906
—	—	XI	1885-1886	—	—	XXXII	1906-1907
—	—	XII	1886-1887	—	—	XXXIII	1907-1908
—	—	XIII	1887-1888	—	—	XXXIV	1908-1910

TABLE ALPHABÉTIQUE

PAR

NOMS D'AUTEURS

(Le premier chiffre indique la série; le second, le tome, et le troisième, la page)

AIGUES-SPARSES ... *La mort de Pétrarque*, poésie.
1, I, 27.

— ... *Terre et ciel*, poésie.
1, I, 78.

ALLANIC .... Notice sur M. Riou-Kerhallet.
1, II, 119.

ALLARY .... Voir *Pellieux*.

ANSART .... Météréologie et physique générale du globe.
2, IX, 323.

— .... Promenade dans le dictionnaire.
2, X, 401.

ANSQUER (H.)...... *Le dernier barde*, poésie.
2, XXX, 169.

ANTOINE (Ch.)...... Des lames de haute mer.
2, I, 296.

— ...... Calculs des propulseurs helicoïdaux.
2, VII, 173.

AUDOUARD (P.)..... Mesure de la distance du but dans les batteries de côte.
2, XIII, 173.

—   ..... Recherche expérimentale de la réfringente de l'air au bord de la mer.
2, XIII, 209.

—   ..... De Toulon à Tourane.
2, XIV, 281.
2, XV, 5.

—   ..... Télémètre de répression à spirale.
2, XVI, 159.

—   ..... Nouveaux essais du télémètre à spirale.
2, XVII, 419.

—   ..... Ombres colorées.
2, XX, 161.

AUGIER (E.)........ Brives-Charensac.
2, XII, 386.

—   .... Brizeux et Mistral (Marie et Mireille).
2, XIII, 5.

BAILLY (H.)........ Origines et caractère du Satan de Milton.
2, VII, 60.

—   .... Hoche et Bonaparte.
2, X, 305.

—   .... Le théâtre grec et le théâtre de Shakespeare.
2, XI, 384.

BAISNÉE (Mlle)...... Poésies.
2, XI, 397.

BELLAMY (E.)....... Notice sur M. Paul Chabal.
1, II, 49.

BELLIN (M.)........ Le Noël de Maurice Bouchor.
2, XXV, 251.

Béraud (F.) . . . . Une page sur la Nouvelle-Calédonie.

1, III, 271.

Berminghan (E. de) Stances humoristiques.

1, V, 578.

—   *Le Mendiant et le Chien*, apologue.

1, VI, 76.

Borius (A) . . . . Le climat de Brest:
La température.

2, IV, 248.

La pluie.

2, IV, 314.

Les vents.

2, V, 129.

La pression atmosphérique.

2, V, 161.

L'état hygrométrique.

2, V, 185.

Boudouin (Mme E.) . . La Chandeleur.
[Gette de la Saudraye]   2, XXI, 200.

—   .. Le *Tribunal céleste*, légende bretonne.

2, XXI, 257.

Bourgeois (A.) . . . . . Ballade et coutume bretonnes (Jeanne Le Marec).

2, XI, 98.

—   . . . . . Etude au sujet d'une ancienne coutume bretonne d'origine celtique et diversement interprétée. (*Au gui l'an neuf*).

2, XIII, 227.

—   . . . . . Etude analytique du verbe breton *Kaout* (avoir).

2, XIV, 139.

—   . . . . . Légende sur l'ancien manoir de Tréziguidy.

2, XV, 149.

Bourgeois (A.).... Notice sur saint Yves. Causes de sa popularité.

2, XVI, 95.

— ..... Télémètre vertical de dépression pour le tir au passage.

2, XIX, 237.

— ..... Chansons bretonnes.

2, XXI, 338.

— ..... *Œuvres posthumes de M. Gabriel Milin* (avec traduction).

2, XXVI, 7.

2, XXVII, 151.

Bourrut-Duvivier... Etude comparative des différentes théories chimiques.

2, VI, 378.

Bouyer (F.)........ *Un voyage de long cours*, poésie.

1, I, 371.

— .... Etude critique de *Velléda*, par Mᵐᵉ Aug. Penquer.

1, V, 494.

Brémaud (Dʳ P.).... Origine et progrès de la puissance Hova à Madagascar.

2, X, 213.

— .... Le cyclone de l'Enéide.

2, XVI, 47.

— .... Les origines de la nationalité française (conférences).

2, XVII, 425.

Brondel (A.)...... Notice sur le tremblement de terre du 2 janvier 1867 dans la province d'Alger.

2, I, 288.

Brousmiche (Ed.).. Le sol de la Nouvelle-Calédonie.

2, XI, 38.

— .. Une promenade dans le Finistère, il y a soixante ans.

2, XVI, 227.

CARADEC (D^r Th.) fils. Les campagnes d'Ambroise Paré.
2, VI, 363.

— La Ligue contre les vivisections.
2, VI, 436.

— Préjugés bretons sur l'hygiène et les maladies des enfants.
2. VII, 148 ; 2, VIII, 109.

— Les idées du grand Mirabeau en matière d'hygiène infantile.
2, IX, 383.

CARBONNIER (P.).... Découverte d'une station préhistorique dans le département de la Seine.
2, II, 162.

CHABAL (P.)........ Sur le livre de l'*Amour*, de Michelet.
1, I, 54.

— .... Revue des ouvrages littéraires offerts par leurs auteurs à la Société académique de Brest, depuis sa fondation jusqu'au 1er janvier 1860.
1, I. 181.

CHARBONNIER (A.).. *Un Orphelin*, poésie.
1, IV, 150.

— .. *Qui s'y frotte s'y pique*, proverbe.
1, V, 285.

— .. *Blanche Neige et Rose Rouge*, poésie.
1. V, 614.

— .. *Rira bien qui rira le dernier*, proverbe en 2 actes.
1, V, 587.

— .. *L'Epouse du Croisé*. Traduction d'une chanson bretonne.
1, VI, 29.

CHARBONNIER (A.)... *L'Habit ne fait pas le moine*, proverbe en vers.
1, VI, 194.

CHASSANIOL (D^r).... La posthotomie au XIXe siècle.
1, IV, 38.

—   .... Note sur un œuf d'Epyornis, apporté de Madagascar.
2, VI, 233.

—   .... Notice sur les nouvelles découvertes paléontologiques en Amérique.
2, VII, 223.

CHIC (L.)......... Souvenirs de voyage (fragments de correspondance).
1, VII, 421.

CLÉREC .... *Le fou et ses médecins*, anecdote en vers.
1, I, 117.

—   .... Rapport sur la pierre tombale de Landévennec.
1, I, 361.

—   .... Traduction en vers du *Stabat Mater*.
1, II, 116.

—   .... Traduction du psaume *Cœli enarrant gloriam Dei*.
1, II, 127.

CLOSQUINET .... *Simple Récit*, poésie.
1, VIII, 89.

COLIN (Elicio)...... Le pigeon voyageur.
2, XIII, 305.

—   ...... Les chiens militaires.
2, XVII, 379.

COMBETTE (E.)..... Note sur la Normale de l'ellipse.
1, V, 582.

—   ..... Note sur un lieu géométrique.
1, VI, 1.

Combette (E.) . . . . . Dix minutes dans le ciel.
1, VI, 18.

— . . . . . Généralisation de la démonstration donnée par Gauss du
théorème de Cauchy.
1, VI, 28.

— . . . . . Histoire populaire des comètes.
1, VIII, 69.

— . . . . . Notre satellite.
1, VIII, 97.

Constantin (A.) . . . . Résumé du voyage d'exploration
de M. Coste, membre de l'Ins-
titut, sur le littoral de la
France et de l'Italie.
1, II, 129.

— . . . . De la peste bovine ou typhus
contagieux des bêtes à cornes,
observée à Landerneau, et des
moyens hygiéniques qui ont
été employés pour la combattre.
1, VII, 175.

Coutance (A.) . . . . . Tendances végétales.
2, IV, 209.

— . . . . . Analogies du climat de Brest
avec celui de l'époque tertiaire.
2, V, 305.

— . . . . . Phénomènes de capillarité.
2, VI, 81.

— . . . . . Notice biographique sur A. Constantin.
2, VI, 105.

— . . . . . De l'énergie et de la structure
musculaire chez les mollus-
ques acéphales.
2, VI, 169

— . . . . . Romains et Zoulous.
2, VI, 483.

— 14 —

Coutance (A.)...... Expériences de bord établissant que les minimum de salure sont placés sur le trajet des courants et les maximum hors des courants marins.

2, VII, 129.

—   ..... Souvenirs de Leyde.

2, VII, 212.

—   ..... La Fontaine et la philosophie naturelle.

2, VIII, 258.

—   ..... Action biologique des sels de l'eau de mer au point de vue des animaux marins.

2, VIII, 349.

—   ..... Le 16 Mai 1864 à la Martinique.

2, VIII, 406.

—   ..... Le *Superbe*.

2, IX, 267.

—   ..... Brest, en l'an III, d'après une correspondance de l'ordonnateur civil Redon.

2, X, 407.

—   ..... Quinze mois de bagne.

2, XI, 310.

—   ..... Madagascar en 1829.

2, XII, 75.

—   ..... Le droit des gens et les torpilles.

2, XIV, 315.

—   ..... Les deux *Sirènes*.

2, XVII, 491.

—   ..... Congrès de l'Association française pour l'avancement des sciences à Pau (1892).

2, XVIII, 55.

—   ..... Le 4ᵉ centenaire de la découverte de l'Amérique à Huelva.

2, XVIII, 123.

— 15 —

Cuzent (G.)........ Epidémie de la Guadeloupe (1865-1866).

1, IV, 365.

—   .... Voyages aux îles Gambier (archipel de Mangaréva).

1, VII, 237.

—   .... Des boissons enivrantes en usage chez les différents peuples.

2, I, 141.

—   .... Archipel des îles Marquises.

2, VIII, 61.

—   .... Archipel des Pomotu (Paumotu-Tuamotu).

2, IX, 49.

—   .... L'archipel de la Société (l'annexion de Taïti à la France).

2, X, 101.

Dauriac (L.)...... L'ouverture de *Guillaume Tell*, étude critique.

1, VIII, 39.

David .... *La prière du soir*, poème.

1, VI, 99.

Delalande (J.)..... Quatre jours en Egypte.

2, XIV, 153.

Delavaud (C.)..... Note sur une forêt sous-marine dans l'anse Sainte-Anne.

1, I, 36.

Delécluse (E.)..... Défense de l'île du Conquet, en 1625.

2, IX, 127.

—   ..... Documents inédits pour servir à l'histoire de Bretagne.

2, IX, 316.

—   ..... Documents concernant l'histoire de Bretagne.

2, XI, 435.

Delourmel (L.).... L'imprimerie à Brest : Les *Ma-*
lassis (1685-1813).
2, XXVIII, 35.

—   .... Essai de bibliographie de la ville
de Brest.
2, XXXIII, 225.

—   .... Discours prononcé aux obsèques
de M. Allain Ferrand.
2, XXXIII,   .
[Voir Esquieu (L.)]

Delpeuch .... L'escadre de Louisbourg et l'épidémie de Brest en 1757.
2, XXIX, 123.

Denis-Lagarde .... Une monnaie de l'empereur Gra-
tien.
1, I. 83.

—   .   .... Notice sur des monnaies romaines.
1, II, 123.

—   .... Description de quelques monnaies récemment découvertes
en Bretagne.
1, II, 331.

—   .... Poids monétaire du temps de
Henri II.
1, II, 346.

—   .... Notice sur une découverte de
monnaies romaines.
1, III. 94.

—   .... Armes et ustensiles celtiques.
1, III, 124.

—   .... Etude sur la colonne milliaire de
Kerscao.
1, IV, 20.

Devoir (A.)........ L'Armorique : population et monuments préhistoriques.
2, XXIV, 147.

Dubois (Ed.)....... Note sur l'éclipse de soleil du 18 juillet 1860.

1, I, 107.

—   ...... Revue astronomique de 1860.

1, I, 247.

—   ...... Revue astronomique de 1861.

1, II, 177.

Dubois (Edmond).. Trois mois de captivité à Madagascar.

1, III, 131.

Du Chatellier (A.). Histoire des évêchés de Cornouaille et de Léon.

1, III, 360.

—   Essai de monographie électorale pour les années 1790, 1791 et 1792.

2, X, 253.

Dupuy (A.)........ Le séjour de Mme de Sévigné en Bretagne.

1, VI, 32.

—   .... Paris en 430 avant Jésus-Christ.

1, VII, 165.

—   .... Rapport du Comité des Bibliothèques scolaires.

1, VII, 217.

—   .... Les aventuriers grecs à Rome, depuis la fin de la seconde guerre punique jusqu'au siècle d'Auguste.

2, III, 295 : 2, IV, 361.

—   .... *La ville et le port de Brest sous le Directoire et le Consulat*, par M. Levot.

2, III, 411

—   .... *Le Déal de Piré*. Une commune en Bretagne au commencement du XVIe siècle.

2, V, 27.

2

Dupuy (A.)........ *Les Coataulem :* Un corsaire breton au XVe siècle. Construction de la caraque la *Cordelière.*

2, V, 39.

— .... Les finances de la Bretagne à la fin du XVe siècle et les derniers budgets de Pierre Landois.

2. V, 58.

— .... Les écoles et les médecins en Bretagne au XVe siècle.

2, V, 329.

— .... L'industrie et le commerce en Bretagne au XVe siècle.

2, VI. 50.

— .... L'administration de la justice en Bretagne au XVe siècle.

2, VI, 285.

— .... L'affaire Bergevin ; documents inédits sur l'histoire de Brest.

2, VI, 459.

— .... La position de *Gésocribate* et *Saliocanus Portus*, d'après M. de Rostaing.

2, VI, 488.

— .... Le régime parlementaire en Bretagne au XVIIIe siècle.

2, VII, 12.

— .... La garnison de Brest en 1594.

2, VIII, 358.

— .... Documents inédits sur l'histoire de la Cornouaille, pendant les guerres de religion.

2, VIII, 369.

— .... La ville de Quimperlé pendant la Ligue.

2, VIII, 273.

— 19 —

Dupuy (A.)......... Les finances de Brest, il y a cent
ans.
2, IX, 105·

— .... La Bretagne au XVIIIe siècle.
2, IX, 153 ; 2, XI, 119·

Duseigneur .... *Sébastopol*, ode.
1, I, 44.

— .... Etude historique et critique sur
la Ligue en Bretagne.
1, I, 120.

— .... Etude critique sur la *Légende
des siècles*.
1, I, 383·

— .... Emigrations bretonnes.
1, II, 1.

— .... De l'origine d'une ancienne coutume bretonne (*au gui l'an
neuf*).
1, IV, 234.

Du Temple (L.).... Historique de la locomotion aérienne et son avenir.
1, VI, 79·

— .... Les réalités de la vie.
1, VI, 160.

Duval (P.-C.-P.).... *Au connétable de Richemont*,
poésie.
1, IV, 73.

— .... Notice sur Belle-Ile-en-Mer et sur
ses environs.
1, IV, 164·

— .... *Super flumina Babylonis* (psaume 136) : le chant le plus national, le deuil de l'exil et le
cri de la vengeance.
1, V, 561·

Duval (P.)......... Union intime de la poésie et de la prose dans la nature, dans les sciences, dans les lettres, partout enfin où apparaît le génie de l'homme.

1, V, 564.

— .... Elégie et adieu à la poésie et à la gloire.

1, VI, 177.

— .... Union intime de la poésie et de la prose entrevue dans les œuvres de Régnard, le second de nos comiques.

1, VII, 48.

— .... *Décadence et grandeur de l'Homme*, poésie.

1, VII, 84.

— .... *Pour la délivrance du territoire français*, poésie.

1, VIII, 92.

Esquieu (L.)....... Chansons populaires recueillies en Ille-et-Vilaine.

2, XXXI, 8.

Esquieu (L.)
et
Delourmel (L.) *Brest pendant la Révolution* (correspondance de la municipalité avec les députés de la sénéchaussée de Brest aux Etats-Généraux et à l'Assemblée constituante (1789-1791). Documents inédits.

2, XXXII, 87 ; 2, XXXIII, 9.

Estienne (P.)...... Etude sur Michel de l'Hospital.

2, X, 333.

— ...... Un droit féodal qui existe encore.

2, XI, 211.

— ...... Une poignée de questions.

2, XI, 219.

Féris (B.)........... Quinze jours à travers les Pampas de l'Uruguay.
2, VIII, 42.

—   .... Ethnographie et démographie des populations de la Hollande.
2, IX, 91.

—   .... Les puissances européennes sur la côte occidentale d'Afrique.
2, X, 196.

Ferrand (A.)....... Le château de **Trémazan**.
2, XXIX, 101.

—   ...... L'ermite de Trémazan.
2, XXX, 33.

—   ...... Visages douloureux et masques bêtes (Pagan).
2, XXX, 137.

Fierville (Ch.)..... Etude sur les origines de la bibliothèque publique de Quimper.
1, IV, 287.

Flagelle .... Notes statistiques sur trois cantons du Finistère, de 1812 à 1850.
1, IV, 201.

—   .... Notes sur l'existence de ruines près de Landerneau.
1, V, 520.

—   .... Notes archéologiques sur le département du Finistère.
2, IV, 1.

Fleury (E.)......... Notice historique sur le couvent et l'église des Carmes de Brest.
1, I, 153.

—   .... Excursion dans l'arrondissement de Brest (environs de Saint-Renan et de Ploudalmézeau).
1, I, 422.

FLEURY (E.)........ Notes historiques sur le Petit-
Couvent, communauté des
Filles du Sacré-Cœur et de
l'Union Chrétienne.

1, II, 308.

—   .... Monographie du château de
Brest.

1, III, 1.

—   .... Histoire des corporations des
arts et métiers de Brest.

1, III, 305

—   ......,. La place Latour-d'Auvergne.

1, IV, 80.

FORET .... Campagne de l'*Antilope* en Indo-
Chine.

2, X, 3.

Fin du 108ᵉ et dernier chapitre
de *Tristan le voyageur* ou la
France au XIXᵉ siècle, par
Marchangy (Paris 1825-1826, 6
volumes, in-8).

1, V, 71.

FROGER (E.)....... *Le monument de Saint-Nicaise,*
poésie.

2, XI, 307.

GALACHE (cont.-amir.) Campagne humoristique et authentique du croiseur *Le Lu-
ron* (de Brest à Nagasaki).

2, XXI, 211.

—   Une vocation imprévue.

2, XXII, 113

—   Une histoire de l'autre monde.

2, XXIV, 121.

GAUTIER (C.)....... Du rôle de l'instruction primaire
dans la réorganisation mili-
taire, politique et économique
de la France.

1, VII, 91.

Gautier (C.) . . . . *La revanche de Marguerite*, nouvelle.
1, VIII, 18.

Gœtt (E.) . . . . *La femme dans les romans d'Alphonse Daudet.*
2, XXV, 5.

Gosselin (L.) . . . . . . Conférence sur *Cyrano de Bergerac.*
2, XXIII, 195.

Gossin (H.) . . . . De l'influence des forêts sur le climat et le régime des eaux.
1, VII, 21.

—   . . . . Les arènes de Paris.
1, VII, 17.

Gouyet (L.) . . . . *In Mémoriam*, poème de lord Tennyson (traduction).
2, XXVII, 183.

Grenot (A.) . . . . Relation d'une fouille pratiquée au Souc'h.
1, VII, 140.

—   . . . . Relation des fouilles exécutées à la Tourelle, près de Quimper.
1, VII, 391.

Grossin (L.) . . . . Notes sur l'orientation des mégalithes.
2. XXIII, 117.

—   . . . . Notes sur la position fortifiée de Pen-Ledan.
2, XXV, 195.

Guénin (G.) . . . . L'évangélisation du Finistère (VI\u00b0 siècle).
2, XXXII, 29.

—   . . . . Etudes religieuses sur le Finistère.
2. XXXIII. 161.

—   . . . . La déesse gallo-romaine des eaux.
2. XXXIV. 75.

— 24 —

Guennou (Ch.)..... La mort du roi Morvan (en vers), (texte breton-français).

2, XX, 401.

Guichou de Grandpont. . . . Le chemin royal de la Sainte-Croix (traduction, en vers, de l'Imitation de J. C.).

1, I, 143.

—   ..... Notice sur des jetons français, à emblèmes maritimes.

1, II, 349.

—   ..... De la pureté du cœur et de la simplicité de l'intention (traduction, en vers, de l'Imitation de J.-C.).

1, II, 369.

—   ..... Définition de l'administration.

1, V, 221.

—   ..... Moktar, épisode de l'histoire du Sénégal (1832).

1, V, 222.

—   ..... *Carmina Nummaria.*

1, V, 541.

—   ..... Analyse du poème *Carmina Nautica*, du R. P. Nicolas Parthénius.

1, VI, 130.

—   ..... Recherches de numismatique navale.

2, I, 365.

—   ..... Le poste de Bo-Ké, dans le Rio-Nunez.

2, VI, 141.

—   ..... *Ovidius Nauticus.*

2, XII, 89.

—   ..... L'amiral de Gueydon.

2, XII, 335.

Guihon de Grandpont. . . . . Charles Perrault, mon arrière-grand-oncle et ses contes de fées.
2, XIV, 61.

— . . . . . Les intendants de la marine au port de Brest.
2, XV, 93.

— . . . . . Notice sur Yves-Etienne Collet.
2, XVI, 201.

— . . . . . Examen d'une exclamation de Pascal sur la peinture.
2, XVI, 243.

— . . . . . L'ingénieur d'Arçon et ses batteries flottantes.
2, XVIII, 5.

— . . . . . Notice sur la commune de la Forest-Landerneau.
2. XVIII, 9.

— . . . . . *Buez Sant Tenenan*. La vie de saint Ténénan, mise en vers bretons.
2, XVIII, 39.

— . . . . . La querelle de l'artillerie (parti rouge et parti bleu) au XVIIIe siècle.
2, XX, 5.

— . . . . . *La Poésie de la Science*, poésie.
2, XXI, 115.

— . . . . . Mohammed-Amar, le faux prophète du Fouta, épisode des guerres du Sénégal (1828-1835)
2, XXIII, 5.

— . . . . . *Les Chrysanthèmes*, poème latin.
2, XXIII, 18.

Halégouet (F.) . . . . Les rochers de Plougastel, légende bretonne.
2. IV, 353.

HALÉGOUET (F.)..... Analogie entre le gallois et le breton moderne.

2, VI, 245.

—   .... A propos de l'antiquité de la langue bretonne.

2, IX, 356.

HALLIGON (cont.-am.) Six mois à travers l'Océanie.

2, XI, 224.

—   Souvenirs d'un officier de la corvette l'*Ariane*.

2, XIV, 13.

HÉBERT (D' Jules).. *Simple Récit*, poésie.

2, XIII, 299.

—   .. *En Egypte*, poésie.

2, XIII, 304.

—   .. *Le réveil de Bébé*, sonnet.

2, XV, 339.

—   .. *Sur la plage*, poésie.

2, XV, 340.

—   .. Gilles de Rays (une cause célèbre au XVᵉ siècle).

2, XVIII, 183.

—   .. *Le Réfractaire*, pièce en 3 actes et en vers.

2, XX, 105.

—   .. *L'Esclave*, poésie.

2, XXII, 163.

—   .. *Pierrot poète*, pièce en 1 acte et en vers.

2, XXIV, 63.

—   .. *Aux soldats et marins morts pour la Patrie*, poésie.

2, XXV, 189.

—   .. *Race forte*, pièce en 1 acte et en vers.

2, XXVIII, 220.

Hébert (D' Jules).. *Adieux de Brizeux mourant à la Bretagne*, poésie.

2, XXVIII, 276.

Héliès .... *L'amiral Duperré*, poème historique.

1, V, 138.

Herland ., ... Note sur la méthode d'iodométrie Pellieux et Allary.

2, VI. 361.

Hétet .... Visite à l'exposition universelle de 1878 :. produits chimiques, métalloïdes et métaux.

2, VI, 91.

Hombron (H.) ...... Notice sur la réparation des peintures à l'huile.

1, VII, 224.

— ...... Promenade au musée de Rennes.

1, VIII, 240.

Jardin (Ed.) .... Note sur les antiquités de la Vera-Cruz.

1, VIII, 232.

— .... Voyage géologique autour de l'Islande.

2, I, 237.

— .... Le coton : monographie de l'arbuste qui fournit cette plante textile.

2, VIII, 469.

— .... Mode d'administration à la fin du siècle dernier.

2, XII. 373.

— .... Combat naval. Prise de la frégate française l'*Africaine* par la frégate anglaise la *Phœbé* (19 février 1801).

2, XIII, 323.

— ...... Le Far-West.

2, XIV, 1.

JARDIN (Ed.) . . . . Etude ethnographique sur les indigènes de l'Amérique du
Nord.
2, XIV, 243.

— . . . . Le frangipanier et la frangipane.
2, XV, 332.

— . . . . Ethno-Conchologie (étude de la
monnaie primitive).
2, XVII, 391.

— . . . . Animaux récemment disparus ou
qui menacent de disparaître.
2, XVIII, 68.

— . . . . Formation du tuf calcaire ou
travertin et des dépôts siliceux
par la végétation des sources
d'eau chaude.
2, XIX, 33.

JARNO (A.) . . . . Notes d'archéologie.
2, XXIX, 87.

— . . . . Découverte d'une sépulture dans
le village de Kéranmoal.
2, XXXII, 267.

— . . . . Les environs de Châteauneuf-du-
Faou au point de vue des sites.
2, XXXIII, 185.

JOUAN (H.) . . . . L'archipel havaïen en 1855.
1, I, 211.

— . . . . La frégate la *Médée* (1838-1839).
2, XI, 3.

— . . . . La frégate la *Belle-Poule*.
2, XII, 1, 187.

— . . . . Le brig-aviso l'*Agile* (1844-1845).
2, XVII, 259.

JOUBERT (A.) . . . . *Le secret du bonheur en ménage*,
proverbe en vers.
1, III, 65.

JOUBERT (A.)........ *Les révélations poétiques*, de Mme Aug. Penquer (compte rendu).
1, III, 401.

— ...... Une visite au poète Jasmin.
1, IV, 11.

— ...... *A bon ami bon compte*, comédie-proverbe en 1 acte et en vers.
1, IV, 332.

— ...... *Les ruines d'un cloître*, légende en vers.
1, V, 467.

— ...... *Le baromètre*, fantaisie.
1, V, 472.

— ...... *Le pavé de la rue*, poésie.
1, VI, 125.

— ...... *Le siège de Paris*, poésie.
1, VII, 79.

— ...... *La marchande de couronnes*, poésie.
1, VIII, 116.

— ...... *Les gouttes de pluie*, poésie.
1, VIII, 225.

— ...... *La bouteille et la carafe*, fable.
1, VIII, 276.

— ...... *La table de famille*, poésie.
2, VI, 159.

— ...... *Les mémoires d'un rat*, poésie.
2, VI, 164.

— ...... *Les brins de paille*, poésie.
2, VI, 418.

— ...... *Le violon du père Christophe*, poésie.
2, VI, 422.

— ...... *Le perroquet de ma tante*, comédie en 1 acte.
2, VII, 107.

JOUBERT (A.)....... *Les amours d'un brin d'herbe et d'une goutte de rosée*, poésie.

2, VIII, 376.

— ...... *La pendule du grand-père*, poésie.

2, VIII, 379.

— ...... *A Monsieur de Lesseps*, poésie.

2, IX, 1.

— ...... *Nos amis*, poésie.

2, IX, 385.

— ...... *Les âges critiques de la vie*, poésie.

2, IX, 394.

— ...... *Ma veilleuse*, poésie.

2, XI, 448

— ...... *Le vieux cimetière*, poésie.

2, XIII, 296.

KEISSER (Dr P.).... Etude historique sur Chardon de Courcelle, premier médecin du port de Brest (1741-1775).

2, XXVI, 229 ; 2, XXVII, 5.

KERGROHEN (jeune).. Voyage dans la Mellacorrée.

2, XI, 65.

KERNÉIS (A.)........ François Saupin, sieur du Rocher, ancien propriétaire de l'« anse Saupin », à Brest.

2, XI, 197.

— .... Antoine-Blaise Pangalo, maître constructeur des navires du Roy (1681-1714).

2, XIII, 251.

— .... Un coin de Brest : les terrouers de Lanhouron, Loguel ou An-Oguel, la bastide de M. de la Harteloyre.

2, XIV, 83.

.... Trois anciens plans de Brest.

2, XV, 159.

Kernéis (A.) . . . . Le chevalier de Langle ; ses compagnons de l'*Astrolade* et de la *Boussole* : expédition envoyée à la recherche des bâtiments.

2, XV, 221.

— . . . . Le chevalier de Borda.

2, XVI, 5.

— . . . . Le sieur Casa-Major, commissaire et contrôleur de la marine, à Brest, de 1770 à 1776 ; aperçu des relations entre les diverses autorités locales.

2, XVII, 5.

— . . . . Les frégates la *Surveillante* (1778-1779) et la *Nymphe* (1780).

2, XVII, 55.

— . . . . L'île d'Ouessant.

2, XIX, 137.

— . . . . Les Coëtnempren ; de Kersaint ; de Kerdournan.

2, XXI, 267.

— . . . . Les de Guichen.

2, XXII, 187.

— . . . . Navarin.

2, XXII, 218.

— . . . . Brest, les maisons. (Les maisons 73 et 73 A, Grand'Rue, ancien terrain des vieux fours de la marine, ou les « maisons de Troulan »).

2, XXII, 233.

— . . . . Notes généalogiques et biographiques concernant la famille Dupleix.

2, XXIII, 143.

— . . . . Le chevalier Le Moyne d'Iberville (1661-1704).

2, XXIV, 195.

KERNÉIS (A.)....... François-Joseph, baron Bouvet, en Islande et à la Guadeloupe.

2, XXV, 205.

— .... L'ancien Brest : propriétaires et locataires anciens de la maison n° 25, rue de la Rampe.

2, XXVII, 155.

— .... Plan de la ville de Brest, sa date et le nom de l'auteur [1666].

2, XXVII, 307.

— .... Etymologie du mot *Cayenne*. La Cayenne à Brest.

2, XXVIII, 179.

— ..... . Le château de Roc'h-Morvan (La Roche-Morice).

2, XXXIII, 191.

La Barre Duparcq (de) .... Monsieur, Mademoiselle et Madame de Scudéry.

2, V, 73.

— .. L'achat d'un guidon ou La Fare et Sévigné.

2, VI, 408.

— .... La reprise de la Floride par les Français, en 1568.

2, IX, 284.

LAFAYE (Ollivier de). *Souvenirs*, poésie.

1, I, 177.

— *La Sorcière*, poésie.

1, II, 173.

LALUBIN (commt. J.). Des effets de la peur chez le combattant et des feux d'infanterie exécutables sur le champ de bataille.

2, XX, 171.

LANGERON (E.)..... Etude sur M. Guizot.

2, XX, 363.

— ..... L'ombre de Voltaire.

2, XX, 390.

Langeron (E.)..... Madame Auguste Penquer.
                            2, XV, 81.

—   ..... *La demande en mariage,* comé-
                  die en 1 acte.
                            2. XVII, 113.

—   ..... *Le piège,* comédie en 1 acte.
                            2, XIX, 77.

—   ..... *L'ombrelle,* comédie en 1 acte.
                            2 XXII, 67.

—   ..... Essai sur Machiavel.
                            2, XXII, 121.

Langeron (M.)..... Contribution à l'étude de la flore
                  du Finistère.
                            2, XXIII, 131.

Launay (J.)........ *C'est chez eux tout comme chez
                  nous,* poésie.
                            2, XIV, 239.

Laurent (L.)....... L'industrie de la gutta-percha.
                            2, XXV, 51.

Lavise (E.)........ Lettre sur le Japon.
                            1. VIII. 214.

—   .... Notes de campagne. Station des
                  mers de Chine et du Japon,
                  effectuée à bord de la corvette
                  le *Cosmao.*
                            2. II. 172.

Le Balle (L.)...... *L'exemple et la leçon,* poésie.
                            2, VIII, 343.

—   ...... Une fête musulmane à Gabès.
                            2, XI. 424.

—   ...... *A la Muse,* poésie.
                            2, XII, 391.

—   ...... *Ave Mater Alma.* A l'Université,
                  poésie.
                            2. XII. 392.

—   ...... *Sonnet à ma femme pour le jour
                  de son anniversaire,* poésie.
                            2. XII. 393.

Le Balle (L.)...... *En carême*, poésie.

2, XII, 394.

Lécureux (Th.).... Revue musicale de l'année 1869.

1, VII, 73.

—   .... Causerie musicale, année 1870.

1, VII, 193.

Le Guen (P.)....... Guy-Eder de la Fontenelle.

1, IV, 242.

—   ...... Notion sur quelques mines d'argent de l'Amérique.

1, IV, 268.

—   ...... Visite au Vésuve et à ses environs.

1, VIII, 154.

—   ...... Les ruines et les jardins Farnèse sur le mont Palatin.

2, II, 348.

—   ...... Analyse de l'ouvrage du général La Marmora, intitulé : *Un po'piu di luce sugli eventi politici e militari dell'anno* 1866.

2, III, 389.

—   ...... Objets d'art existant dans l'arrondissement de Brest. Rapport fait en collaboration de MM. Vilmer et Hombron.

2, IV, 385.

—   ...... Exploration archéologique de Kélorn en Kerlouan (Finistère).

2, V, 321.

—   ...... Observation sur les résultats des fouilles de Kélorn. Boulets de pierre trouvés à la Roche-Morice.

2, VI, 400.

— 35 —

Le Guen (P.)...... Exploration archéologique à
Guisseny (Finistère).

2, VII, 1.

Le Guillou Penanros ...... L'administration du Finistère
et le tribunal révolutionnaire
de Brest en 1793-1794.

1, II, 65.

Le Guyader........ *La légende d'Is,* poésie.

1, V, 115.

Le Jannic de Kervizal..... Dissertation sur l'origine de la
famille des Tanguy ou Tanne-
guy Duchastel-Trémazan.

2, XV, 113.

—   .. Commentaires de la *Légende de
saint Tanguy.*

2, XVII, 147.

—   .. Histoire de Tanguy-Duchastel,
grand-maître de France, sous
le règne du roy Charles VII.

2, XIX, 293.

—   .. Notice sur la maison du Chastel-
Trémazan.

2, XXI, 131.

—   .. La Bretagne libérale.

2, XXI, 349.

—   .. Une explication de la pierre
tombale de l'église Saint-Louis
de Brest.

2, XXIV, 171.

Lejeanne .... Voyage à la Nouvelle-Grenade.

2, VIII, 19.

Le Lan (V.)........ *Trois légendes,* poésie.

2, XII, 395.

—   .... *Aheul,* drame en 1 acte, en vers.

2, XIII, 57.

Le Moine (E.)...... Deux lettres de Guillaume Le
Roux (1er prairial, an II).

2, X, 293.

Le Moine (E.)...... Trouille (J.-N.).

2, XIII, 79

—   La frégate la *Thétis*, à l'époque de la prise d'Alger.

2, XVIII, 104.

Le Moine (J.)...... *La mort d'Esménard*, de Bruto Amante (traduction).

2, XXVII, 115.

Le Monnier (H^te)... *Un voyage aux Pyrénées; Histoire d'une fleur*, poésie.

1, V, 208.

—   .. *L'arc-en-ciel, poésie.*

1, V, 533.

—   .. *Un chapelet*, poésie.

1, V, 538.

—   .. *Ruines et splendeurs de Rome*, poésie.

1, VIII, 170.

Le Roux........... Le vaccin animal.

2, VI. 493

Levillain .... La vie des étudiants parisiens, du XIIe au XIVe siècle.

2, XXIII, 173

Levot (P.)........ La marine française et le port de Brest sous Richelieu et Mazarin.

1, I, 5.

—   .... La maison de l'espion à Lanninon, près de Recouvrance.

1, I, 87.

—   .... Procès d'Alexandre Gordon, espion anglais, décapité à Brest en 1769.

1, I. 295.

—   .... Le Passage et divers droits ou coutumes de Brest, avant 1789 ; le pont impérial en 1861.

1, II, 249.

Levot (P.)........ Les ambassadeurs de Tippou-
Saheb, à Brest, en 1788.

1, III, 237.

— .... Notice nécrologique sur M. Bizeul.

1, III, 261.

— .... Notice nécrologique sur M. Denis-Lagarde.

1, IV. 242.

— .... Notice sur la vie, les services et
les travaux de M. le chevalier
de Fréminville.

1, V, 1.

— .... Notice nécrologique sur M. Bizet, ancien maire de Brest.

1, V, 193.

— .... Notice nécrologique sur M. Berdelo, ancien chirurgien-major
de la marine.

1, V, 205.

— .... Révolte à bord du sloop anglais
le *Bounty*.

1, V. 347.

— .... Notice nécrologique sur sir Anthony Perrier, consul de Sa
Majesté Britannique à Brest.

1, V. 475.

— .... Notice sur MM. La Touche de
Tréville, officiers généraux de
la marine française.

1, VI. 105.

— .... Notice biographique sur Charles
Errard, peintre nantais, pre-
mier directeur de l'école française à Rome.

1. VI. 184.

— .... Mission du représentant Harmand (de la Meuse), à Brest,
en 1795.

1, VII. 63

Levot (P.)......... Les frères Guillery ou deux routiers bretons.

1, VII, 118.

— .... La légende de sainte Tryphine
et le conte de Barbe-Bleue.

1, VIII, 185.

— .... Captivité et mort de Gilles de
Bretagne.

1, VIII, 263.

— .... L'abbaye de Saint-Mathieu de
Fine-Terre ou de Saint-Ma-
thieu (Finistère).

1, VIII, 315.

— .... Participation du 2ᵉ arrondissement maritime à la guerre de
1870-1871; les marins aux armées.

2, I, 1.

— .... Projets de l'enseigne de vaisseau
Rivoire contre le port de Brest,
sous le Consulat.

2, II, 122.

— .... Allocution prononcée à l'inauguration du musée des beaux-
arts à Brest (1875).

2, II, 256.

— .... Le vaisseau le *Vétéran* à Concarneau (1806).

2, II, 321.

— .... Daoulas et son abbaye.

2, III, 113.

— .... Principaux incendies dans le
port de Brest.

2, IV, 177.

— .... Edouard Corbière.

2, IV, 220.

— .... Projets de descentes en Angleterre, sous Louis XV et
Louis XVI.

2, IV, 401.

Levot (P.) . . . . Notice sur Colet-Duseigneur.
2, V, 1.

—   . . . . Notice sur Emile-Maurice Chevé.
2, V, 13.

—   . . . . Notice sur Aimé Paris.
2, V. 21.

—   . . . . Guillaume Lejean, sa vie, ses
travaux, ses voyages.
2, VIII, 129.

Lorme (A. de) . . . . . . Philibert de l'Orme et son œuvre.
2, XVI, 113.

—   . . . . . . L'art architectural français au
Moyen-Age.
2, XVII, 357.

. . . . . . Introduction à l'histoire de l'art.
2, XVIII, 145.

—   . . . . . . *Invocation à l'Océan*, poésie.
2, XX, 168

—   . . . . . . L'ART BRETON, DU XIIIe AU XVIe
SIÈCLE :
Michel Colomb.

2, XXI, 5

—   . . . . . . Saint-Pol de Léon.
2, XXII, 5.

—   . . . . . . L'église de Gouesnou.
2, XXIII, 23.

—   . . . . . . Michel Colomb et Anne de
Bretagne.
2, XXIV. 5.

—   . . . . . . Saint Thégonnec.
2, XXVI, 103.

—   . . . . . . Guimiliau et ses monuments.
2, XXVII. 83.

—   . . . . . . Vannes et sa cathédrale.
2, XXVIII, 3.

LORME (A. DE)..... La Roche-Maurice.
2, XXIX, 3

—   ...... Le village, l'église et l'ossuaire
de Lampaul-Guimiliau.
2, XXX, 7.

—   ...... L'église, le calvaire et l'ossuaire de Pencran.
2, XXX, 119.

—   ...... Saint-Divy.
2, XXXIV, 137.

—   ...... L'art à Brest au XVIIIe siècle.
Jacques-André Portal, dessi-
nateur du Roy.
2. XXV, 121.

—   ...... *Vers le crucifix*, poème, par M.
Ménétrier (bibliographie bre-
tonne).
2, XXV, 169.

—   ...... Un nouveau Latude (1787-1837).
2, XXVI, 125.

—   ...... *Un cas de conscience. Souvenir
de Carnaval* (nouvelle), par
Mme Louise de Lorme, née
Guépratte) et A. de Lorme.
2, XXVII, 137.

—   ...... L'épopée celtique et la légende
bretonne dans le Finistère.
2, XXVIII, 95.

—   ...... Le général baron de Tromelin,
d'après G. Lenôtre.
2, XXVIII. 191

—   ...... Lavalette de Langes (1789-1858).
2, XXIX, 51.

—   ...... La noble cité d'Urbin et Raphaël.
2, XXX, 89.

—   ...... La citoyenne comtesse de Villi-
rouët (1793-1813).
2, XXXI. 153.

— 41 —

Lorme (A. de)..... Musée d'art et de religion de Brest.

2, XXXI, 181.

—   ...... De la croix aux calvaires, en Bretagne et dans le Finistère.

2, XXXI, 195.

—   ...... Calvaire de Guimiliau.

2, XXXI, 219.

—   ...... Calvaire de la Martyre.

2, XXXI, 221.

—   ...... *Salut aux bois,* poésie.

2, XXXI, 223.

—   ...... Le collège Joinville ; ses origines et son personnel.

2, XXXII, 8.

—   ...... Les sites et monuments naturels des environs de Brest.

2, XXXII, 83.

—   ...... Bohars.

2, XXXIII, 141.

Lorme (Edg. de).... Une visite à Sainte-Hélène, en 1880. Journal d'un officier de marine.

2, XXXIV, 123.

Luzel (F.-M.)....... La légende Saint-Eloi.

2, II, 336.

—   .... *Les trois filles de la veuve,* ballade.

2, IV, 379.

Marion (D')........ Excursions aux îles Alacrans.

2, IX, 5.

Martinon .... *Les drames d'Eschyle* (traduction en vers) :
L'Orestie, trilogie.

2, XXVI, 155.

Les suppliantes.

2, XXVIII, 75.

MARTINON .... *Prométhée enchaîné.*
2, XXIX, 21.

MAURIÈS .... *La France dans l'Extrême-Orient* (poème lyrique).
1, III, 289.

— .... *Imitation de N.-S. Jésus-Christ* (nouvelle traduction bretonne, par MM. TROUDE et MILIN).
1, IV, 216.

— .... *La Bretagne*, poésie.
1, IV, 304.

— .... Lettre à M. Levot au sujet d'une inscription qui se trouve sur la fontaine de la rue de l'Eglise, à Recouvrance.
1, IV, 320.

— .... *Portzmoguer*, poème lyrique.
1, V, 128.

— .... Inscription latine d'une fontaine à Saint-Pierre Quilbignon.
1, V, 174.

— .... Notice biographique sur M. S.-C. Morel.
1, V, 337.

— .... Mémoire sur un document inédit intitulé : « Journal de ce qui s'est passé à Brest en 1778, suivi de la relation du combat soutenu par le vaisseau le *Triton*. »
1, V, 404.

— .... Fac-simile de la médaille commémorative de l'érection de la halle de Brest.
1, V, 559.

— .... Adieux d'un jeune soldat breton. Imitation de la pièce intitulée: *Kimiad eur zoudard iaouank*, de Prosper Proux.
1, VI, 54.

Mauriès .... Strophes pour l'inauguration du nouveau théâtre de Brest.
1, VII, 386.

— .... Mémoire sur quelques monnaies, médailles et jetons, le tout au nombre de 21, offerts à la Société Académique de Brest.
1, VII, 439.

— .... Notice nécrologique sur M. Ange David.
1, VIII, 59.

— .... Notice nécrologique sur M. P.-C.-P. Duval.
1, VIII, 121.

— .... Rapport sur la découverte d'un tumulus près de Kerhuon.
1, VIII, 131.

— .... Recherches historiques et littéraires sur l'usage de certaines algues.
2, II, 1.

— .... Stances en l'honneur de la ville de Brest, à l'occasion des fêtes hippiques.
2, V, 95.

— .... Etude biographique sur le breton 'Hoël, évêque du Mans.
2, V, 209.

— .... Episode tiré du théâtre de Brest, en 1770.
2. V, 317.

— .... Relation du combat naval de Saint-Christophe (1782).
2, VI. 269.

— .... Ode sur le pommier.
2. VI. 281.

— .... *Essai sur le patois gallot*, par M. P. Sébillot.
2, VI, 426.

— 44 —

Mauriès .... *Robert Surcouf*, poème historique.
2, VII. 204.

— .... Notice sur des documents inédits, rares et curieux, pouvant
servir à l'histoire de Brest et
de la marine.
2, VIII, 383.

— .... *Les chaires extérieures en Bretagne*, par M. René Kerviler.
2, VIII, 451.

— .... *Freitas contre Grotius, sur la
question de la liberté des
mers*, traduit par M. Guichon
de Grandpont.
2, VIII, 461.

Mével (E.) .... Etude sur Emile Souvestre.
2, VII, 74.

— .... Essai sur le spiritualisme.
2, VIII, 419.

Milin (G.) .... *Matulin ar barz dall*, poésie
avec traduction).
1, I, 105.

— .... *Iann-es-Kolmwenn*, légende bretonne.
1, III. 382.

— .... Légendes bretonnes.
1, IV, 90

— .... Héloïse et Abailard en Bretagne.
1, V, 385.

— .... *Le corps sans âme.* Sommaire
d'un conte breton.
1, V, 395.

— .... *Le pêcheur et le bon seigneur*,
poème breton (avec traduc-
tion).
2, XXIV, 137

Milin (G.)......... Œuvres posthumes (traduction A. Bourgeois).
2, XXVI, 7 ; 2, XXVII, 151.

Milne .... Du rôle de l'aspiration ou de la lettre *h* dans la formation des sons.
2, IX, 329.

Miriel (G.)........ Télégraphie sous-marine. Câble transatlantique français de Brest à Saint-Pierre (Amérique), avec planches.
1, VIII, 49.

Morel (S.-C.)....... *La fusée et le ver luisant*, fable.
1, III, 373.

— ...... *Le rêve d'un vieillard*, poésie.
1, III, 376.

— ...... *Conseils*, poésie.
1, III, 380.

— ...... *La chauve-souris et les hirondelles*, fable.
1. IV. 317.

Ollivier-Henry (capitaine) ...... Un coin du pays chinois.
2, XXIII, 63.

Ortolan (A.)....... Mémoire sur la distillation de l'eau de mer et les appareils en usage (planches).
1, VIII, 281.

— ...... Notice nécrologique sur M. Schiavetti-Bellini.
1. VIII. 311.

— ...... Données expérimentales sur les combustibles usuels.
2, I, 517.

Ortolan (A.)....... Historique des travaux exécutés ou projetés pour le dérasement de la roche « la Rose », à l'entrée de l'arsenal maritime de Brest.

2, III, 375.

\-   ...... Note sur le cuirassé de 1er rang le *Colbert*.

2, IV, 465.

—   ...... Mémoire sur les huiles de graissage et d'éclairage.

2, VI, 25.

Pasquier (L.)...... Théodore de Banville, prosateur.

2, XXV, 287.

Payen (E.)......... Remarques sur quelques points de l'histoire du dessin.

2, XI, 377.

Pellieux et Allary. Iodométrie. Nouvelle méthode.

2, VI, 353.

Penquer (Mme A.).. *Le siècle. Les étoiles. Post-face*, poésies.

1, II, 373.

—   .. *Velléda*, par Fréd. Bouyer. Etude critique.

1, V, 494.

—   .. 1871. *Désespoir*, poésie.

1, VIII, 33.

—   .. 1872. *Espérance*, poésie.

1, VIII, 37.

—   .. *L'Œillet rose*, comédie en 1 acte et en vers.

2, I, 109.

—   .. *Syndorix, le barde de Penmarch*, poésie.

2, VI, 14.

Penquer (Mme A.).. *La neige*, poésie.

2, VII, 103.

— .. *La payse*, conte breton en vers.

2, XIII, 277.

Perdriel-Vaissière (Mme J.) — Bréhat (souvenir du dîner celtique de septembre 1891), poésie.

2, XVIII, 311.

— *L'armure*, poésie.

2, XVIII, 316.

— *Sous les lilas*, bluette en 1 acte et en vers.

2, XIX, 5.

— Histoire d'Afrique.

2, XIX, 265.

— *A mon premier né*, poésie.

2, XIX, 275.

— Poésies diverses.

2, XIX, 279.

— *O Primavera!* poésie.

2, XXII, 119.

— *Le mur*, poésie.

2, XXIV, 193.

— *La couronne de Racine*, poésie.

2, XXVII, 134.

— Maurice et Eugénie de Guérin.

2, XXXII, 243.

Pilven (G.)........ La bastide de Quilbignon.

1, III, 247.

— .... Mémoire sur quelques combinaisons théoriques d'appareils auxiliaires d'éclairage, susceptibles de projeter, selon des conditions déterminées, la totalité des rayons émis par un point lumineux isolé dans l'espace.

1, V, 182.

PITTY-MATHIEU .... Des octrois.

2, VII, 139.

POL (Eug.)......... *Etude sur saint Augustin,* poésie.

1, V, 462.

PRADÈRE (G.)...... Etude sur Robert Burns, poète populaire écossais.

1, VIII, 147.

—   ...... *Kan er Kog* (le chant du coucou) de Liwarih, et *Labousik Doue* (le petit oiseau du bon Dieu) de G. Milin (traductions).

1, VIII, 251.

—   ...... *Le retour,* traduit de Runeberg, poète national suédois.

2, I, 231.

—   ...... *Le rouet,* nouvelle en vers.

2, I, 385.

—   ...... Un bouquet de légendes : la légende de Saint-Christophe, la légende des plantes, la dernière hirondelle, Rose de Gueldre, la perte de la Vierge, la Rose de Bengali.

2, II, 225.

—   ...... Notice sur Vincent de Montpetit, peintre français du XVIIIe siècle.

2, II, 261.

—   ...... Etudes sur quelques poètes étrangers et traduction de quelques-unes de leurs œuvres :
Geyer, Erick (suédois); Freiligrath (allemand ; Andersen (danois); Richter, Jean-Paul (allemand) ; Longfellow (américain) ; Keats, John (anglais) ; Hood, Thomas anglais).

2, IV, 91.

PRADÈRE (O.)...... Causerie sur le premier jour de
l'an.
2, V, 291.

—   ...... Fondation de la société des
« Rosati », à Arras, en 1778.
2, X, 373.

—   ...... Causeries humoristiques : Madame Gesffrin (1699-1777) ;
Mademoiselle Camargo (1710-
1770) ; Bussy-Rabutin (1618-
1693) ; Mademoiselle de la
Vallière (1644-1710); Bernard
de la Monnoye (1641-1728) ;
Madame de Pompadour (1722-
1764); Latour, peintre du roi
(1704-1788).
2, XI, 256.

—   ...... Causeries humoristiques : les
barbiers-chirurgiens; la Saint-
Médard ; les Fraises ; Bals
masqués ; les Affiches ; les
Cloches ; le Café.
2, XIII, 143.

—   ...... Causeries humoristiques : trois
romans : Robinson Crusoë,
Paul et Virginie, les Mille et
une Nuits.
2, XVI, 211.

—   ...... Voyage à travers le calendrier.
2, XIV, 179.

—   ...... Un poète : Mme Aug. Penquer.
2, XVI, 169.

RIOU (A.).......... La presqu'île de Crozon.
2, I, 313

—   .... *Les origines de l'homme, d'après
le système de Darwin*, par M.
le docteur A. Puech.
2, II, 304.

Riou (A.) . . . . Les côtes de la Guinée méridio-
nale, esquisse géologique.
2, III, 239.

— . . . . Un mot sur la géologie comparée.
2, IV, 149.

— . . . . Pleyber-Christ et Saint-Thégonnec.
2, IV, 235.

— . . . . *L'âge du bronze et les Gallo-Ro-
mains à Saint-Nazaire,* par **L.
Kerviler.**
2, V, 220.

— . . . . *L'Olivier,* par **A. Coutance.**
2, V, 239.

— . . . . Quelques tableaux du musée de
Brest.
2, VI, 1.

— . . . . Résumé des travaux de la Société Académique, depuis sa
fondation jusqu'en juin 1879.
2, VI, 121.

— . . . . Le crâne et la hache des allu-
vions de Penhouët, à Saint-
Nazaire.
2, VI, 249.

Romains (Jules) . . . . La littérature et la musique, de
1895 à 1907.
2, XXXIV, 123.

Romieu (G.) . . . . *Idylle sur la plage bretonne,* poésie.
1, V, 133.

Rouget (P.) . . . . Modification importante dans la
construction des compteurs
humides.
1, VII, 133.

Roy (E.)............ Résumé de l'histoire astronomique.
2, X, 357.

Saillet (V.)........ Etude historique sur les « Orda-
lies » ou épreuves judiciaires
vulgairement appelées « Juge-
ments de Dieu ».
2, II, 44.

—   .... Les premiers explorateurs des
mers arctiques.
2, III, 191.

Saulnier (Fr.)...... Des derniers documents sur
Roscelin.
1, III, 227.

—   ...... Le chevalier de Sévigné.
1, IV, 128.

—   ...... Note rectificative au sujet de l'é-
poque de la naissance d'Au-
guste Lebras.
2, IV, 399

Thouar (A.)....... Exploration du Grand Chac.
2, XIV, 26.

Turiault (J.)...... Etude sur le langage créole de la
Martinique.
2, I, 401 ; 2, III, 1.

—   ...... Les îles Saint-Pierre et Miquelon.
2, VIII, 313.

—   ...... Le Congo : langage, mœurs, religion, gouvernement des peu-
plades de cette région de
l'Afrique équatoriale.
2, IX, 22.

—   ...... Jean Dubuc et le pacte colonial.
2, XII, 305.

URSCHELLER (H.).... Une page de littérature allemande.

2, XI, 246.

—   .... La pointe Saint-Mathieu.

2, XIV, 333.

WILLOTTE (H.)..... Les appareils à air comprimé et
leur emploi au dérasement de
la roche « la Rose ».

2, VII, 45.

—   ..... *Simple hypothèse* (récit extra-
terrestre).

2, XVIII, 163.

TABLE ANALYTIQUE

LINGUISTIQUE ET LITTERATURE

A

Linguistique

BOURGEOIS (A.)..... Etude analytique du verbe breton *Kaout* (avoir).
2, XIV, 139.

HALÉGOUET (F.).... Analogie entre le gallois et le breton moderne.
2, VI, 245.

— .. A propos de l'antiquité de la langue bretonne.
2, IX, 356.

MILNE .... Du rôle de l'aspiration ou de la lettre *h*, dans la formation des sons.
2, IX, 329.

TURIAULT (J.)...... Etude sur le langage créole de la Martinique.
2, I, 401 ; 2, III, 1.

B

Récits, Nouvelles, Comédies en prose

FERRAND (A.)...... *L'ermite de Trémazan.*
2, XXX, 33.

— ...... *Visages douloureux et masques bêtes* (Pagan).
2, XXX, 137.

— 54 —

GALACHE (cont.-amir.) *Une vocation imprévue.*

2, XXII, 113.

— *Une histoire de l'autre monde.*

2, XXIV, 121.

GAUTIER (G.) . . . . *La revanche de Marguerite,* nouvelle.

1, VIII, 18.

JOUBERT (A.) . . . . *Une visite au poète Jasmin.*

1, IV, 11.

LANGERON (G.) . . . . . *L'ombre de Voltaire.*

2, IX, 390.

— . . . . . *La demande en mariage,* comédie en 1 acte.

2, XVII, 113.

— . . . . . *Le piège,* comédie en 1 acte.

2, XIX, 77.

— . . . . . *L'ombrelle,* comédie en 1 acte.

2, XXII, 67.

LORME (A. DE) . . . . . . *Un cas de conscience. Souvenir de carnaval,* nouvelle, par Mme Louise de Lorme (née Guépratte) et A. de Lorme.

2, XXVII, 137.

PRADÈRE (C.) . . . . . Causerie sur le premier jour de l'an.

2, V, 291.

— . . . . . . Causeries humoristiques : *Madame Geoffrin* (1699-1777) ; *Mademoiselle Camargo* (1710-1770) ; *Bussy-Rabutin* (1618-1693) ; *Mademoiselle de la Vallière* (1644-1710) ; *Bernard de la Monnoye* (1641-1728) ; *Madame de Pompadour* (1722-1764) ; *Latour,* peintre du roy (1704-1788).

2, XI, 256.

PRADÈRE (O.)...... Causeries humoristiques : *Les barbiers-chirurgiens, la Saint-Médard, les Fraises, Bals masqués, les Affiches, les Cloches, le Café.*

2, XIII, 143.

—   ...... Causeries humoristique : trois romans : *Robinson Crusoë, Paul et Virginie, les Mille et une Nuits.*

2, XVI, 211.

—   ...... *Voyage à travers le calendrier.*

2, XIV, 179.

WILLOTTE (H.)..... *Simple hypothèse* (récit extra-terrestre).

2, XVIII, 163.

C

Poésies et Chansons bretonnes

BOURGEOIS (A.)....., Ballade et coutume bretonnes. Jeanne Le Marec (avec tra-tion).

2, XI, 98.

—   ..... Œuvres posthumes de G. Milin avec traduction).

2, XXVI, 7 ; 2, XXVII, 151.

—   ..... Chansons bretonnes inédites.

2, XXI, 338.

CHARBONNIER (A.).. *L'épouse du croisé* (traduction d'une chanson bretonne).

1, VI, 29.

ESQUIEU (L.)....... Chansons populaires recueillies en Ille-et-Vilaine.

2, XXI, 8.

GUENNOU (Ch.)..... *La mort du roi Morvan* (texte breton-français).

2, XX, 401.

Guennou (Ch.)..... Buez sant Tenenan (*La vie de saint Ténénan*, mise en vers bretons).
2, XVIII, 39.

Mauriès .... *Adieux d'un jeune soldat bre-ton*. (Imitation de la pièce intitulée : « Kimiad eur zoudard iaouank », de Prosper Proux.)
1, VI, 54.

Milin (G.)......... *Matulin ar barz dall* (avec traduction).
1, I, 105.

—   .... *Iann-es-Kolmwenn* (légende bretonne).
1, III, 382.

—   .... *Le pêcheur et le bon seigneur* (poème breton avec traduction).
2, XXIV, 137.

—   .... Œuvres posthumes (traduites par M. Guichon de Grandpont)
2, XXVI, 7 ; 2, XXVII, 151.

D

Poésies diverses

Aigues-Sparses ... *La mort de Pétrarque.*
1, I, 27.

—   .... *Terre et ciel.*
1, I, 78.

Ansquer (H.)...... *Le dernier barde.*
2, XXX, 169.

Augier (E.)........ *Brives-Charensac.*
2, XII, 386.

Barnée (Mme)...... Poésies.
2, XI, 397.

— 57 —

BERMINGHÀM (E. DE). Stances humoristiques.

    1, V, 578.

—   *Le mendiant et le chien.*

    1, VI, 76.

BOUYER (F.)........ *Un voyage de long cours.*

    1, I, 371.

CHARBONNIER (A.)... *Un orphelin.*

    1, IV, 150.

—   .. *Qui s'y frotte, s'y pique.*

    1, V, 285.

—   .. *Blanche neige et rose rouge.*

    1, V, 614.

—   .. *L'habit ne fait pas le moine.*

    1, VI, 194.

CLÉREC .... *Le fou et ses médecins.*

    1, I, 117.

CLOSQUINET .... *Simple récit.*

    1, VIII, 89.

DAVID .... *La prière du soir.*

    1, VI, 99.

DUSEIGNEUR .... *Sébastopol.*

    1, I, 44.

DUVAL (P.-C.-P.).... *Au connétable de Richemont.*

    1, IV, 73.

—   .... *Elégie et adieu à la Poésie et à la Gloire.*

    1, VI, 177.

—   .... *Décadence et grandeur de l'homme.*

    1, VII, 84.

—   .... *Pour la délivrance du territoire français.*

    1, VIII, 92.

FROGER (E.)....... *Le monument de Saint-Nicaise.*

    2, XI, 307.

— 58 —

Froger (E.)....... *Définition de l'administration.*
        1, V, 221.

—   *Carmina Nummaria.*
        1, V, 541.

—   *Ovidius Nauticus.*
        2, XII, 89.

—   *La poésie de la science.*
        2, XXI, 115.

—   *Les chrysanthèmes,* poème latin.
        2, XXIII, 18.

Hébert (Dr Jules).. *Simple récit.*
        2, XIII, 299.

—   *En Egypte.*
        2, XIII, 304.

—   *Le réveil de bébé.*
        2, XV, 339.

—   *Sur la plage.*
        2, XV, 340.

—   *L'esclave.*
        2, XXII, 163.

—   *Aux soldats et marins morts pour la Patrie.*
        2, XXV, 189.

—   *Adieux de Brizeux mourant, à la Bretagne.*
        2, XXVIII, 276.

Héliès .... *L'amiral Duperré.*
        1, V, 138.

Joubert (A.)....... *Le secret du bonheur en ménage.*
        1, III, 65.

—   *Les ruines d'un cloître,* légende.
        1. V, 467.

—   *Le baromètre,* fantaisie.
        1, V, 472.

—   *Le pavé de la rue.*
        1, VI, 125.

JOUBERT (A.)........ *Le siège de Paris.*

1, VII, 79.

—   ...... *La marchande de couronnes.*

1, VILI, 116.

—   ...... *Les gouttes de pluie.*

1, VIII, 225.

—   ...... *La bouteille et la carafe,* fable.

1, VIII, 276.

—   ...... *La table de famille.*

2, VI, 159.

—   ...... *Les mémoires d'un rat.*

2, VI, 164.

—   ...... *Les brins de paille.*

2, VI, 418.

—   ......, *Le violon du père Christophe.*

2, VI, 422.

—   ...... *Les amours d'un brin d'herbe et d'une goutte de rosée.*

2, VIII, 376.

—   ...... *La pendule du grand-père.*

2, VIII, 379.

—   ...... *A Monsieur de Lesseps.*

2, IX, 1.

—   ...... *Nos amis.*

2, IX, 385.

—   ...... *Les âges critiques de la vie.*

2, IX, 394.

—   ...... *Ma veilleuse.*

2, XI, 448.

—   ...... *Le vieux cimetière.*

2, XIII, 296.

LAFAYE (Ollivier de). *Souvenirs.*

1, I, 177.

—   *La sorcière.*

1, II, 173.

— 60 —

LAUNAY (J.)........ *C'est chez eux tout comme chez nous.*

2, XIV, 239.

LE BALLE (L.)...... *L'exemple et la leçon.*

2, VIII, 343.

—   ...... *A la muse.*

2, VII, 391.

—   ...... *Ave Mater Alma. A l'Université.*

2, XII, 392.

—   ...... *Sonnet à ma femme, pour le jour de son anniversaire.*

2, XII, 393.

—   ...... *En Carême.*

2, XII, 394.

LE GUYADER........ *La légende d'Is.*

1, V, 115.

LE LAN (V.)........ *Trois légendes.*

2, XII, 395.

LE MONNIER (II^te)... *Un voyage aux Pyrénées. Histoire d'une fleur.*

1, V, 208.

—   .. *L'arc-en-ciel.*

1, V, 233.

—   .. *Un chapelet.*

1, V, 538.

—   .. *Ruines et splendeurs de Rome.*

1, VIII, 170.

LORME (A. DE)...... *Invocation à l'Océan.*

2, XX, 168

—   ...... *Salut aux bois.*

2, XXXI, 223.

LUZEL (F.-M.)........ *Les trois filles de la veuve.*

2, IV, 379.

MAURIÈS .... *La France dans l'Extrême - Orient.*

1, III, 289.

— 61 —

Mauriès .... *La Bretagne.*

1, IV, 304.

— .... *Portzmoguer.*

1, V, 128.

— .... *Strophes pour l'inauguration du nouveau théâtre de Brest.*

1, VII, 386.

— .... *Stances en l'honneur de la ville de Brest, à l'occasion des fêtes hippiques.*

2, V, 95.

— .... *Ode sur le pommier.*

2, VI, 281.

— .... *Robert Surcouf.*

2, VII, 204.

Morel (S.-C.)....... *La fusée et le ver luisant.*

1, III, 373.

— .... *Le rêve d'un vieillard.*

1, III, 376.

— ...... *Conseils.*

1, III, 380.

— ...... *La chauve-souris et les hirondelles.*

1, IV, 317.

Penquer (Mme A.).. *Le siècle. Les étoiles. Post-face.*

1, II, 373.

— .. *1871. Désespoir.*

1, VIII, 33.

— .. *1872. Espérance.*

1, VIII, 37.

— .. *Syndorix, le barde de Penmarch.*

2, VI, 14.

— .. *La neige.*

2, VII, 103.

— .. *La payse.*

2, XIII, 277.

PERDRIEL-VAISSIÈRE (Mme J.) — *Bréhat* (souvenir du dîner celtique de septembre 1891).
2, XVIII, 311.

— *L'armure.*
2, XVIII, 316.

— *Histoire d'Afrique.*
2, XIX, 265.

— *A mon premier-né.*
2, XIX, 275.

— *Poésies.*
2, XIX, 279.

— *O Primavera!*
2, XXII, 119.

— *Le mur.*
2, XXIV, 193.

— *La couronne de Racine.*
2, XXVII, 134.

POL (Eug.) . . . . *Etude sur Saint-Augustin.*
1, V, 462.

PRADÈRE (O.) . . . . *Le rouet.*
2, I, 385.

ROMIEU (G.) . . . . *Idylle sur la plage bretonne.*
1, V, 133.

E

Comédies, Drames, Pièces en vers

CHARBONNIER (A.) . . . *Rira bien qui rira le dernier,* proverbe en 2 actes.
1, V, 587.

HÉBERT (Dr Jules) . . *Le réfractaire,* pièce en 3 actes et en vers.
2, XX, 105.

— . . *Pierrot poète,* pièce en 1 acte et en vers.
2, XXIV, 63.

HÉBERT (Dᵣ Jules).. *Race forte*, pièce en 1 acte et en vers.

2, XXVIII, 220.

JOUBERT (A.)....... *A bon ami bon compte*, comédie-proverbe.

1, IV, 332.

—   .... *Le perroquet de ma tante*, comédie en 1 acte.

2, VII, 107.

LE LAN (V.)........ *Aheul*, drame en 1 acte et en vers.

2, XIII, 57.

PENQUER (Mᵐᵉ A.).. *L'œillet rose*, comédie en 1 acte et en vers.

2, I, 109.

PERDRIEL-VAISSIÈRE *Sous les lilas*, bluette en 1 acte
(Mᵐᵉ J.)   et en vers.

2, XIX, 5.

F

Traductions diverses

CLÉREC .... Traduction du *Stabat Mater*.

1, II, 116.

—   .... Traduction du psaume *Cœli enarrant gloriam dei*.

1, II, 127.

DUVAL (P.-C.-P.).... *Super flumina Babylonis* (psaume 136), le chant le plus national ; le *deuil de l'exil* et le *cri de la vengeance*.

1, V, 561.

GOUYET (L.)........ *In memoriam*, poème de lord Tennyson (traduction).

2, XXVII, 183.

Guichon de Grandpont ..... *Le chemin royal de la Sainte-Croix* (traduction en vers de *l'Imitation de Jésus-Christ*).

1, I. 143.

— 64 —

Guichon de Grandpont ......*De la pureté du cœur et de la simplicité d'intention* (traduction en vers de l'*Imitation de Jésus-Christ*).

1, II, 369.

Le Moine (E.) ......*La mort d'Esménard*, de Bruto Amante (traduction).

2, XXVII, 115.

Martinon ....*Les drames d'Eschyle* (traduction en vers) :
L'Orestie.

2, XXVI, 155.

Les Suppliantes.

2, XXVIII, 75.

Prométhée enchaîné.

2, XXIX, 21.

Pradère (C.) ..... . *Kan er Kog* (le chant du coucou), de Liwarih, et *Labousik Doué* (le petit oiseau du bon Dieu), de G. Milin (traduction).

1, VIII, 251.

— ......*Le retour*, de Runeberg, poète national suédois (traduction).

2, I, 231.

G

Etudes littéraires

Augier (E.) .... Brizeux et Mistral (*Marie et Mireille*).

2, XIII, 5.

Bailly (H.) .... Origine et caractère du *Satan* de Milton.

2, VII, 60.

— .... Le théâtre grec et le théâtre de Shakespeare.

2, XI, 384.

BELLIN (M.)......... Le *Noël* de Maurice Bouchor.
2, XXV, 251.

BOUYER (Fr.)....... Etude critique de *Velléda*, par
Mme Aug. Penquer.
1, V, 494..

BRÉMAUD (Dr P.).... Le cyclone de l'*Enéide*.
2, XVI, 47.

CHABAL (P.)......... Sur le livre de l'*Amour* de M. Michelet.
1, I, 54.

COUTANCE (A.)..... La Fontaine et la philosophie
naturelle.
2, VIII, 258.

DUSEIGNEUR .... Etude critique sur la *Légende
des siècles*.
1, I, 383.

DUVAL (P.)......... Union intime de la poésie et de
la prose dans la nature, dans
les sciences, dans les lettres,
partout enfin où apparaît le
génie de l'homme.
1, V, 564.

—   .... Union intime de la poésie et de
la prose entrevue dans les œu-
vres de Regnard, le second de
nos comiques.
1, VII, 48.

GŒTT (E.)......... *La femme dans les romans d'Alphonse Daudet.*
2, XXV, 5.

GOSSELIN (L.)...... Conférence sur *Cyrano de Bergerac.*
2, XXIII, 195.

Guichon de Grandpont ..... Charles Perrault, mon arrière-
grand-oncle et ses *Contes de
fées.*
2, XIV, 61.

Joubert (A.)....... Les *Révélations poétiques* de Mme Aug. Penquer.

1, III, 401.

Langeron (E.)..... *Madame Auguste Penquer.*

2, XV, 81.

— ..... Essai sur *Machiavel.*

2, XXII, 121.

Lorme (A. de)...... *Vers le crucifix*, poème de M. Ménétrier.

2, XXV, 169.

Pasquier (L.)...... Théodore de Banville, prosateur.

2, XXV, 287.

Perdriel-Vaissière *Maurice et Eugénie de Guérin.*
(Mme J.)   2, XXXII, 243.

Pradère (C.)...... *Etude sur Robert Burns*, poète populaire écossais.

1, VIII, 147.

— ...... *Etudes sur quelques poètes étrangers et traduction de quelques-unes de leurs œuvres:* Geyer, Erick (Suédois); Freiligrath (Allemand) ; Audersen (Danois) ; Richter, Jean-Paul (Allemand) ; Longfellow (Américain) ; Keats (Anglais) ; Hood (Anglais).

2, IV, 91.

— ...... *Un poète: Madame Auguste Penquer.*

2, XVI, 169.

Romains (Jules).... *La littérature et la musique, de 1895 à 1907.*

2, XXXIV, 11.

Urscheller (H.).... *Une page de littérature allemande.*

2, XI, 246.

II

LÉGENDES ET COUTUMES BRETONNES

Boudouin (Mᵐᵉ E.).. *La Chandeleur.*
[Gette de la Sandraye].   2, XXI, 200.
            —   *Le tribunal céleste,* légende bre-
                        tonne.
                                2, XXI, 257.

Bourgeois (A.).... Etude au sujet d'une ancienne
                    coutume bretonne d'origine
                    celtique et diversement inter-
                    prétée : *an gui l'an neuf.*
                                2, XIII, 227.

        —   .... Légende sur l'ancien manoir de
                    Tréziguidy.
                                2, XV, 149.

        —   .... Notice sur saint Yves ; cause de
                    sa popularité.
                                2, XVI, 95.

Duseigneur .... De l'origine d'une ancienne cou-
                    tume bretonne : *au gui l'an
                    neuf.*
                                1, IV, 234.

Halégouet (F.).... *Les rochers de Plougastel,* lé-
                    gende bretonne.
                                2, IV, 353.

Le Jannic de Kervizal ......Commentaires de la *Légende de
                    saint Tanguy.*
                                2, XVII, 147.

Levot (P.)......... *La légende de sainte Tryphine* et
                    le *conte de Barbe-Bleue.*
                                1, VIII, 185.

Lorme (A. de)...... *L'épopée celtique et la légende bretonne dans le Finistère.*
2, XXVIII, 95.

Luzel (F.-M.)....... *La légende de saint Eloi.*
2, II, 336.

Milin (G.)......... *Légendes bretonnes.*
1, IV, 90.

—   .... *Héloïse et Abailard en Bretagne.*
1, V, 385.

—   .... *Le corps sans âme.* Sommaire d'un conte breton.
1, V, 395.

Pradère (C.)...... Un bouquet de légendes : *la légende de saint Christophe ; la légende des Plantes ; la dernière hirondelle ; Rose de Gueldre ; la perte de la Vierge ; la Rose de Bengali.*
2, II, 225.

III

HISTOIRE

A

Etudes diverses sur la Bretagne

Delécluse (E.)..... Documents inédits pour servir à l'histoire de Bretagne.
2, IX, 316.

—   ..... Documents concernant l'histoire de Bretagne.
2, XI, 435.

— 69 —

Dupuy (A.)......... Le séjour de Mme de Sévigné en
Bretagne.

1, VI, 32.

—   .... Le Déal de Piré. Une commune
en Bretagne au commence-
ment du XVIe siècle.

2, V, 27.

—   .... Les Coataulem. Un corsaire breton au XVe siècle. — Cons-
truction de la caraque la *Cordelière*.

2, V, 39.

—   .... Les finances de la Bretagne à la
fin du XVe siècle et les der-
niers budgets de Pierre Landois.

2, V, 58.

—   .... Les écoles et les médecins en
Bretagne au XVe siècle.

2, V, 329.

—   .... L'industrie et le commerce en
Bretagne au XVe siècle.

2, VI, 50.

—   .... L'administration de la justice
en Bretagne au XVe siècle.

3, VI, 285.

—   .... Le régime parlementaire en
Bretagne au XVIIIe siècle.

2, VII, 12.

—   .... La Bretagne au XVIIIe siècle.

2, IX, 153 ; 2, XI, 110.

Duseigneur .... Etude historique et critique sur
la Ligue en Bretagne.

1, I, 120.

—   ...... Emigrations bretonnes.

1, II, 1.

Duval (P.)......... Notice sur Belle-Isle-en-Mer et sur ses environs.
1, IV, 164.

Estienne (P.)...... Un droit féodal qui existe encore.
2, XI, 211.

—   ...... Une poignée de questions.
2, XI, 219.

Le Jannic de Kervizal..... La Bretagne libérale.
2, XXI, 349.

Levot (P.)......... Captivité et mort de Gilles de Bretagne.
1, VIII, 263.

B

Etudes diverses sur le Finistère

Brousmiche (Ed.).. Une promenade dans le Finistère, il y a soixante ans.
2, XVI, 227.

Delécluse (E.)..... Défense de l'île du Conquet, en 1625.
2, IX, 127.

Du Chatellier (A.). Histoire des évêchés de Cornouaille et de Léon.
1, III, 360.

—   Essai de monographie électorale pour les années 1790, 1791 et 1792.
2, X, 253.

Dupuy (A.)........ Documents inédits sur l'histoire de la Cornouaille, pendant les guerres de religion.
2, VIII, 369.

—   .... La ville de Quimperlé pendant la Ligue.
2, VIII, 373.

FERRAND (A.)...... Le château de Trémazan.
2, XXIX, 101.

FIERVILLE (Ch.)..... Etude sur les origines de la bibliothèque publique de Quimper.
1, IV, 287.

FLAGELLE .... Notes statistiques sur trois cantons du Finistère, de 1812 à 1850.
1, IV, 201.

FLEURY (E.)........ Excursion dans l'arrondissement de Brest (environs de Saint-Renan et de Ploudalmézeau).
1, I, 422.

GUÉNIN (G.)........ L'évangélisation du Finistère (VIe siècle).
2, XXXII, 29.

-- .... Etudes religieuses sur le Finistère.
2, XXXIII, 161.

Guichon de Grandpont ..... Notice sur la commune de la Forest-Landerneau.
2, XVIII, 9.

JARNO (A.)........ Les environs de Châteauneuf-du-Faou, au point de vue des sites.
2, XXXIII. 185.

KERNÉIS (A.)........ L'île d'Ouessant.
2, XIX, 137.

— .... Le château de Roch'Morvan (La Roche-Morice).
2, XXXIII. 191.

LANGERON (M.)..... Contribution à l'étude de la flore du Finistère.
2, XXIII. 131.

— 72 —

Levot (P.) . . . . L'abbaye de Saint-Mathieu de Fine-Terre ou de Saint-Mathieu (Finistère).

1, VIII, 315.

— . . . . Le vaisseau le *Vétéran* à Concarneau (1806).

2, II, 321.

— . . . . Daoulas et son abbaye.

2, III, 113.

Lorme (A. de) . . . . . . Bohars.

2, XXXIII, 141.

Riou (A.) . . . . La presqu'île de Crozon.

2, I, 313.

— . . . . Pleyber-Christ et Saint-Thégonnec.

2, IV, 235.

Urscheller (H.) . . . . La pointe Saint-Mathieu.

2, XIV, 333.

C

Etudes diverses sur la ville de Brest

Borius (A) . . . . Le climat de Brest.

2, IV, 248 ; 2, V, 129.

Coutance (A.) . . . . . Analogies du climat de Brest avec celui de l'époque tertiaire.

2, V, 305.

— . . . . . Brest en l'an III, d'après une corespondance de l'ordonnateur civil Redon.

2, X, 407.

Delourmel (L.) . . . . L'imprimerie à Brest : les Malassis (1685-1813).

2, XXVIII, 35.

— . . . . Essai de bibliographie de la ville de Brest.

2, XXXIII, 225.

Delpeuch .... L'escadre de Louisbourg et l'épidémie de Brest, en 1757.
2, XXIX, 123.

Dupuy (A.)........ L'affaire Bergevin. Documents inédits sur l'histoire de Brest.
2, VI, 459.

—   .... La position de *Gesocribate* et *Saliocanus Portus*, d'après M. de Rostaing.
2, VI, 488.

—   .... La garnison de Brest, en 1594.
2, VIII, 358.

—   .... Les finances de Brest, il y a cent ans.
2, IX, 105.

Esquieu (L.)
et
Delourmel (L.)   Brest pendant la Révolution. Correspondance de la municipalité avec les députés de la sénéchaussée de Brest aux Etats Généraux et à l'Assemblée Constituante (1789-1791). Documents inédits.
2, XXXII, 87 ; 2, XXXIII, 9.

Fleury (E.)........ Notice historique sur le couvent et l'église des Carmes de Brest.
1, I, 153.

—   .... Notes historiques sur le Petit-Couvent, communauté des filles du Sacré-Cœur et de l'Union Chrétienne.
1, II, 308.

—   .... Monographie du château de Brest.
1, III, 1.

—   .... Histoire des corporations des arts et métiers de Brest.
1, III, 305.

FLEURY (E.)........ La place La Tour d'Auvergne.

1, IV, 80.

Guichon de Grandpont ...... Les intendants de la marine au port de Brest.

2, XV, 93.

KERNÉIS (A.)........ François Saupin, sieur du Rocher, ancien propriétaire de l'anse Saupin.

2, XI, 197.

— .... Pangalo (Antoine-Blaise).

2, XIII, 251.

— .... Un coin de Brest ; les terroirs de Lanhouron ou An-Oguel, la bastide de M. de la Harteloyre.

2, XIV, 83.

— .... Trois anciens plans de Brest.

2, XV, 159.

— .... Le sieur Casa-Major, commissaire et contrôleur de la marine à Brest, de 1770 à 1776 ; aperçu des relations entre les diverses autorités locales.

2, XVII, 5.

— .... Brest, les maisons. (Les maisons 73 et 73 A, Grande-Rue, ancien terrain des vieux fours de la marine ou les « maisons de Troulan »).

2, XXII, 233.

— .... L'ancien Brest. Propriétaires et locataires anciens de la maison n° 25, rue de la Rampe.

2, XXVII, 155.

— .... Plan de la ville de Brest ; sa date et le nom de l'auteur [1666].

2, XXVII, 307.

Kernéis (A.)....... Etymologie du mot *Cayenne* ; la Cayenne à Brest.
2, XXVIII, 179.

Le Guen, Vilmer et Hombron Rapport sur les objets d'art existant dans l'arrondissement de Brest.
2, IV, 385.

Le Guillou Penanros....... L'administration du Finistère et le tribunal révolutionnaire de Brest, en 1793-1794.
1, II, 65.

Le Jannic de Kervizal..... Une explication de la pierre tombale de l'église Saint-Louis de Brest.
2, XXIV, 171.

Le Moine (E.)...... Deux lettres de Guillaume Le Roux (1ᵉʳ prairial an II).
2, X, 299.

Levot (P.)......... La marine française et le port de Brest sous Richelieu et Mazarin.
1, I, 5.

— .... La maison de l'Espion, à Lanninon, près de Recouvrance.
1, I, 87.

— .... Procès d'Alexandre Gordon, espion anglais, décapité à Brest en 1769.
1, I, 295

— .... Le passage et divers droits ou coutumes de Brest avant 1789.
1, II, 249.

— .... Les ambassadeurs de Tippou-Saheb, à Brest, en 1788.
1, III, 237.

LEVOT (P.)......... Mission du représentant Harmand (de la Meuse), à Brest, en 1795.

1, VII, 63.

—   .... Participation du 2ᵉ arrondissement maritime à la guerre de 1870-1871. Les marins aux armées.

2, I, 1.

—   .... Projets de l'enseigne de vaisseau Rivoire contre le port de Brest, sous le Consulat.

2, II, 122.

—   .... Allocution prononcée à l'occasion de l'inauguration du musée des beaux-arts, à Brest (1875).

2, II, 256.

—   .... Principaux incendies dans le port de Brest.

2, IV, 177.

LORME (A. DE)..... L'art à Brest au XVIIIᵉ siècle. Jacques-André Portail, dessinateur du Roy.

2, XXV, 121.

—   ..... Musée d'art et de religion de Brest.

2, XXXI, 181.

—   ..... Le collège Joinville ; ses origines et son personnel.

2, XXXII, 8.

—   ..... Les sites et les monuments naturels des environs de Brest.

2, XXXII, 83.

Mauriès .... Lettre au Président de la Société Académique, au sujet d'une inscription qui se trouve sur la fontaine de la rue de l'Eglise, à Recouvrance.
1, IV, 320.

— .... Inscription latine d'une fontaine à Saint-Pierre Quilbignon.
1, V, 174.

— .... Mémoire sur un document inédit intitulé: *Journal de ce qui s'est passé à Brest, en 1778,* suivi de la relation du combat soutenu par le vaisseau le *Triton.*
1, V, 404.

— .... Fac-simile de la médaille commémorative de l'érection de la halle de Brest.
1, 5, 559.

— .... Episode tiré du théâtre de Brest, en 1770.
2, 5, 317.

— .... Notice sur des documents inédits, rares et curieux, pouvant servir à l'histoire de Brest et de la marine.
2, VIII, 383.

Ortolan (A.) .... Historique des travaux exécutés ou projetés pour le dérasement de la roche « la Rose », à l'entrée de l'arsenal maritime de Brest.
2, III, 375.

Pilven (G.) .... La bastide de Quilbignon.
1, III, 247.

Willotte (H.) ..... Les appareils à air comprimé et leur emploi au dérasement de la roche « la Rose ».
2, VII, 45.

IV

BIOGRAPHIES

Delourmel (L.).... L'imprimerie à Brest. *Les Malassis* (1685-1813).

> 2, XXVIII, 35.

Guichon de Grandpont.... L'amiral *de Gueydon*.

> 2, XII, 335.

—   .... Notice sur *Yves-Etienne Collet.*

> 2, XVI, 201.

Keisser (D' P.).... Etude historique sur *Chardon de Courcelle* (1741-1775), premier médecin du port de Brest.

> 2, XXVI, 229 ; 2, XXVII, 5.

Kernéis (A.)........ Le chevalier *de Borda.*

> 2, XVI, 5.

—   .... *Les Coëtuempren; de Kersaint; de Kerdournan.*

> 2, XXI, 267.

—   .... Les *de Guichen.*

> 2, XXII, 187.

—   .... Notes généalogiques et biographiques concernant la famille *Dupleix.*

> 2, XXIII, 143.

—   .... Le chevalier *Le Moyne d'Iberville* (1661-1704).

> 2, XXIV, 195.

Langeron (E.)..... Etude sur M. *Guizot.*

> 2, IX, 363.

Le Guen (P.)....... *Guy-Eder de la Fontenelle.*

> 1, IV, 242.

Le Jannic de Kervizal .... Dissertation sur l'origine de la famille des *Tanguy* ou *Tanne-guy Duchastel Trémazan*.
2, XV, 113.

— .. Histoire de *Tanguy Duchastel*, grand-maître de France, sous le règne de Charles VII.
2, XIX, 293.

— .. Notice sur la maison *du Chastel-Tremezan*.
2, XXI, 131.

Le Moine (E.)...... *Trouille* (1750-1825).
2, XIII, 79.

Levot (P.)......... Notice sur la vie, les services et les travaux de M. le *chevalier de Fréminville*.
1, V. 1.

— .... Notice sur MM. *La Touche de Tréville*, officiers généraux de la marine française.
1, VI, 105.

— .... Notice biographique sur *Charles Errard, peintre* nantais, premier directeur de l'école française, à Rome.
1, VI, 184.

— .... *Edouard Corbière*.
2, IV, 220.

— .... *Guillaume Lejean* ; sa vie, ses travaux, ses voyages.
2, VIII, 129.

Mauriès .... Etude biographique sur le breton *Hoël*, évèque du Mans.
2, V, 209.

Mével (E.)......... Etude sur *Emile Souvestre*.
2, VII, 74.

Pradère (O.)...... Notice sur *Vincent de Montpe-
lit*, peintre français du XVIIIe
siècle.

2, II, 261.

Saulnier (Fr.)...... Des derniers documents sur
Roscelin.

1, III, 227.

— ...... *Le chevalier de Sévigné*.

1, IV, 128.

V

GEOGRAPHIE - VOYAGE - RELATIONS DE CAMPAGNES

Audouard (P.)..... De Toulon à Tourane.

2, XIV, 281 ; 2, XV, 5.

Béraud (F.)........ Une page sur la Nouvelle-Calédonie.

1, III, 271.

Brémaud (D[r])...... Origine et progrès de la puissance Hova à Madagascar.

2, X, 213.

Chic (L.).......... Souvenirs de voyage.

1, VII, 421.

Constantin (A.).... Résumé du voyage d'exploration
de M. Coste, membre de l'Ins-
titut, sur le littoral de la
France et de l'Italie.

1, II, 129

Coutance (A.)...... Souvenirs de Leyde.

2, VII, 212.

— ...... Le 16 mai 1864 à la Martinique.

2, VIII, 406.

Coutance (A.)...... *Le Superbe.*

2, IX, 267.

—   ...... Quinze mois de bagne.

2, XI, 310.

—   ...... Madagascar en 1829.

2, XII, 75.

—   ...... Les deux *Sirènes.*

2, XVII, 191.

—   ...... Le 4e centenaire de la découverte
de l'Amérique, à Huelva.

2, XVIII, 123.

Cuzent (G.)........ Voyage aux îles Gambier (archipel de Mangareva).

1, VII, 237.

—   .... Archipel des îles Marquises.

2, VIII, 61.

—   .... Archipel des Pomotu.

2, IX, 49.

—   .... L'archipel de la Société (l'annexion de Taïti à la France).

2, X, 101.

Delalande (J.)..... Quatre jours en Egypte.

2, XIV, 153.

Dubois (Ed.)....... Trois mois de captivité à Madagascar.

1, III, 131.

Féris (B.)......... Quinze jours à travers les Pampas de l'Uruguay.

2, VIII, 42.

—   .... Ethnographie et démographie
des populations de la Hol-
lande.

2, IX, 91.

—   .... Les puissances européennes sur
la côte occidentale d'Afrique.

2, X, 196.

FORET .... Campagne de l'*Antilope* en Indo-Chine.

2, X, 3.

GALACHE (cont.-amir.) Campagne humoristique et authentique du croiseur le *Luron*, de Brest à Nagasaki.

2, XXI, 211.

Guichon de Grandpont..... Moktar. Episode de l'histoire du Sénégal (1832).

1, V, 222.

— .... Le poste de Boké, dans le Rio-Numez.

2, VI, 141.

— .... Mohammed-Amar, le faux prophète du Fouta (épisode des guerres du Sénégal, 1828-1835).

2, XXIII, 5.

HALLIGON (cont.-am.) Six mois à travers l'Océanie.

2, XI, 224.

— Souvenirs d'un officier de la corvette l'*Ariane*.

2, XIV, 13.

JARDIN (Ed.) .... Prise de la frégate française l'*Africaine* par la frégate anglaise la *Phœbé* (19 février 1801).

2, XIII, 323

— .... Le Far-West.

2, XIV, 1.

— .... Etude ethnographique sur les indigènes de l'Amérique du Nord.

2, XIV, 243.

JOUAN (H.)......... L'archipel havaïen en 1855.

1, I, 211.

— .... La frégate la *Médée* (1838-1839).

2, XI, 3.

Jouan (H.)............ La frégate la *Belle-Poule* (1839-1840).
                                    2, XII, 1, 187.

—   .... Le brig-aviso l'*Agile* (1844-1845).
                                    2, XVII, 259.

Kergrohen (jeune).. Voyage dans la Mellacorée.
                                    2, XI, 65.

Kernéis (A.)........ Le chevalier de Langle; ses compagnons de l'*Astrolabe* et de la *Boussole*; expéditions envoyées à la recherche des bâtiments.
                                    2, XV, 221.

—   ...... Les frégates la *Surveillante* (1778-1779) et la *Nymphe* (1780).
                                    2, XVII, 55.

—   ...... Navarin.
                                    2, XXII, 218.

Lavise (E.)........ Lettre sur le Japon.
                                    1, VIII, 214.

—   .... Notes de campagne. Station des mers de Chine et du Japon effectuée à bord de la corvette le *Cosmao*.
                                    2, II, 172.

Le Balle (L.)...... Une fête musulmane à Gabès.
                                    2, XI, 424.

Le Guen (P.)....... Visite au Vésuve et à ses environs.
                                    1, VIII, 154.

—   ...... Les ruines et les jardins Farnèse sur le mont Palatin.
                                    2, II, 348.

Lejeanne .... Voyage à la Nouvelle-Grenade.
                                    2, VIII, 19.

Le Moine (E.)...... La frégate la *Thétis*, à l'époque de la prise d'Alger.
                                    2, XVIII, 104.

LORME (Edg. DE).... Une visite à Sainte-Hélène, en 1880. Journal d'un officier de marine.
2, XXXIV, 123.

MARION (D^r)........ Excursion aux îles Alacrans.
2, IX. 5.

MAURIÈS .... Relation du combat naval de Saint-Christophe (1782).
2, VI, 269.

OLLIVIER-HENRY (capitaine) Un coin du pays chinois.
2, XXIII, 63.

SAILLET (V.)........ Les premiers explorateurs des mers arctiques.
2, III, 191.

THOUAR (A.)....... Exploration du Grand Chaco.
2, XIV, 26.

TURIAULT (J.)...... Les îles Saint-Pierre et Miquelon.
2, VIII, 313.

— ...... Le Congo : langage, mœurs, religion, gouvernement des peuplades de cette région de l'Afrique équatoriale.
2, IX, 22.

VI

MELANGES HISTORIQUES — ETUDES DIVERSES

ANSART .... Promenade dans le dictionnaire.
2, X, 401.

ANTOINE (Ch.)...... Des lames de haute mer.
2, I, 296.

BAILLY (H.)........ Hoche et Bonaparte.
2, X, 305.

BRÉMAUD (D^r)...... Les origines de la nationalité française.
2, XVII, 425.

CARADEC (D^r Th.)... Les campagnes d'Ambroise Paré.
2, VI, 363.

COUTANCE (A.)...... Romains et Zoulous.
2, VI, 483.

—   ...... Les droits des gens et les torpilles.
2, XIV, 315.

DUPUY (A.)........ Paris en 430 avant Jésus-Christ.
1, VII, 165.

—   .... Les aventuriers grecs à Rome,
depuis la fin de la seconde
guerre punique jusqu'au siècle
d'Auguste.
2, III, 295 ; 2, IV, 361.

DU TEMPLE (L.).... Les réalités de la vie.
1, VI, 160.

ESTIENNE (P.)...... Etude sur Michel de l'Hospital.
2, X, 333.

GAUTIER (C.)....... Du rôle de l'instruction primaire dans la réorganisation
militaire, politique et économique de la France.
1, VII, 91.

Guichon de Grandpont..... L'ingénieur d'Arçon et ses batteries flottantes (1782).
2, XVIII, 5.

—   .... La querelle de l'artillerie (parti
rouge et parti bleu) au XVIIIe
siècle.
2, XX, 5.

HÉBERT (Dr Jules).. Gilles de Rays. Une cause célèbre
au XVe siècle.
2. XVIII. 183.

JARDIN (Ed.)....... Mode d'administration à la fin
du siècle dernier.
2, XII. 373.

Kernéis (A.)........ François-Joseph baron Bouvet, en Irlande et à la Guadeloupe.
2, XXV, 205.

La Barre Duparc (de) .... Monsieur, Mademoiselle et Madame de Scudéry.
2, V, 73.

—   .. L'achat d'un guidon ou La Fare et Sévigné.
2, VI, 408.

—   .. La reprise de la Floride par les Français, en 1568.
2, IX, 284.

Lalubin (commt. J.). Des effets de la peur chez le combattant et des feux d'infanterie exécutables sur le champ de bataille.
2, XX, 171.

Levillain .... La vie des étudiants parisiens, du XIIe au XVIe siècle.
2, XXIII, 173.

Levot (P.)......... Révolte à bord du sloop anglais le *Bounty*.
1, V, 347.

—   .... Les frères Guillery ou deux routiers bretons.
1, VII, 118.

—   .... Projets de descente en Angleterre sous Louis XV et Louis XVI.
2, IV, 401.

Lorme (A. de)..... Un nouveau Latude (1787-1837).
2, XXVI, 125.

—   ..... Le général baron de Tromelin, d'après G. Le Notre.
2, XXVIII, 191.

—   ..... Savalette de Langes (1789-1858).
2, XXIX, 51.

Lorme (A. de)..... La citoyenne comtesse de Villi-
rouët (1793-1813).

2, XXXI, 153.

Mével (E.)........ Essai sur le spiritualisme.

2, VIII, 419.

Ortolan (A.)....... Note sur le cuirassé de 1ᵉʳ rang
le *Colbert*.

2, IV, 465

Pitty-Mathieu .... Des octrois.

2, VII, 139.

Pradère (O.)...... Fondation de la société des « Rosati » à Arras, en 1778.

2, X, 373.

Saillet (V.)........ Etude historique sur les « Orda-
lics » ou épreuves judiciaires
vulgairement appelées « Juge-
ments de Dieu ».

2, II, 44.

Turiault (J.)...... Jean Dubuc et le pacte colonial.

2, XII, 305.

VII

SCIENCES ET ARTS

A

Histoire naturelle — Botanique — Géologie — Paléontologie

Brousmiche (Ed.)... Le sol de la Nouvelle-Calédonie.

2, XI, 38.

Chassaniol (Dʳ).... Note sur un œuf d'epyornis, apporté de Madagascar.

2, VI, 233.

— 88 —

CHASSANIOL (D').... Notice sur les nouvelles découvertes paléontologiques trou-
vées en Amérique.

2, VII, 223.

COLIN (Elicio)...... Le pigeon voyageur.

2, XIII. 305.

—   ...... Les chiens militaires.

2, XVII, 379.

COUTANCE (A.)...... Tendances végétales.

2, IV, 209.

—   ...... De l'énergie et de la structure
musculaire chez les mollusques
acéphales.

2, VI, 169.

GOSSIN (H.)........ De l'influence des forêts sur le
climat et le régime des eaux.

1, VII, 21.

JARDIN (Ed.)....... Voyage géologique autour de l'Islande.

1, I, 237.

—   .... Le coton. Monographie de l'arbuste qui fournit cette plante
textile.

2, VIII, 469.

—   .... Le frangipanier et le frangipane.

2, XV, 332.

—   .... Animaux récemment disparus
ou qui menacent de disparaî-
tre.

2, XVIII, 68.

—   .... Formation du tuf calcaire ou
travertin et des dépôts sili-
ceux, par la végétation des
sources d'eau chaude.

2, XIX, 33.

Langeron (M.)..... Contribution à l'étude de la flore
du Finistère.
2, XXIII, 131.

Laurent (L.)....... L'industrie de la gutta-percha.
2, XXV, 51.

Le Guen (P.)....... Notion sur quelques mines d'argent de l'Amérique.
1, IV, 268.

Mauriès .... Recherches historiques et littéraires sur l'usage de certaines
algues.
2, II, 1.

Riou (A.).......... Les côtes de la Guinée méridio-
nale. Esquisse géologique.
2, III, 239

—   .... Un mot sur la géologie comparée.
2, IV, 140.

B

Physique — Chimie — Mécanique
Mathématiques

Antoine (Ch.)...... Calculs des propulseurs hélicoï-
daux.
2, VII, 173.

Audouard (P.)..... Mesure de la distance du but
dans les batteries de côte.
2, XIII, 173.

—   ..... Recherche expérimentale de la
réfringente de l'air au bord de
la mer.
2, XIII, 209.

—   ..... Télémètre de répression à spirale.
2, XVI, 159.

Audouard (P.)..... Nouveaux essais de télémètre à spirale.
2, XVII, 419.

— ..... Ombres colorées.
2, XX, 161.

Bourgeois (A.).... Télémètre vertical de dépression pour le tir au passage.
2, XIX, 237.

Bourrut-Duvivier... Etude comparative des différentes théories chimiques.
2, VI, 378.

Combette (E.)..... Note sur la normale de l'ellipse.
1, V, 582.

— ..... Note sur un lieu géométrique.
1, VI, 1.

— ..... Généralisation de la démonstration donnée par Gauss du théorème de Cauchy.
1, VI, 28.

Coutance (A.)...... Phénomènes de capillarité.
2, VI, 81.

— ...... Expériences de bord établissant que les minimums de salure sont placés sur le trajet des courants et les minimums hors des courants marins.
2, VII, 129.

— ...... Action biologique des sels de l'eau de mer au point de vue des animaux marins.
2, VIII, 349.

Du Temple (L.).... Historique de la locomotion aérienne et son avenir.
1, VI, 79.

Herland .... Note sur la méthode d'iodométrie Pellieux et Allary.
2, VI, 361.

HÉTET .... Visite à l'exposition universelle de 1878. Produits chimiques (métalloïdes et métaux).

2, VI, 91.

MIRIEL (G.)........ Télégraphie sous-marine. Câble français de Brest à Saint-Pierre (Amérique).

1, VIII, 49.

ORTOLAN (A.)....... Mémoire sur la distillation de l'eau de mer et les appareils en usage.

1, VIII, 281.

— .... Données expérimentales sur les combustibles usuels.

2, I, 517.

— .... Mémoire sur les huiles de graissage et d'éclairage.

2, VI, 25.

PELLIEUX et ALLARY. Iodométrie, nouvelle méthode.

2, VI, 353.

PILVEN (G.)........ Mémoires sur quelques combinaisons théoriques d'appareils auxiliaires d'éclairage susceptibles de projeter, selon les conditions déterminées, la totalité des rayons émis par un point lumineux isolé dans l'espace.

1, V, 182.

ROUGET (P.)........ Modification importante dans la construction des compteurs humides.

1, VII, 133.

WILLOTTE (H.)..... Les appareils à air comprimé et leur emploi au dérasement de la roche la « Rose ».

2, VII, 45.

C

Astronomie — Météorologie — Climatologie

ANSART .... Météorologie et physique générale du globe.

2, IX, 323.

BORIUS (A)........ Le climat de Brest.

2, IV, 248 ; 2, V, 129

BRONDEL (A.)...... Notice sur le tremblement de
terre du 2 janvier 1867 dans
la province d'Alger.

2, I, 288.

COMBETTE (E.)..... Dix minutes dans le ciel.

1, VI, 18.

—   ..... Histoire populaire des comètes.

1, VIII, 69.

—   ..... Notre satellite.

1, VIII, 97.

COUTANCE (A.)...... Analogies du climat de Brest
avec celui de l'époque tertiaire.

2, V, 305.

DUBOIS (Ed.)....... Note sur l'éclipse de soleil du 18
juillet 1860.

1, I, 107.

— -   .... Revue astronomique de 1860.

1, I, 247.

— -   .... Revue astronomique de 1861.

1, II, 177.

ROY (E.).......... Résumé de l'histoire astronomique.

2, X, 357.

D

Médecine — Epidémies — Epizooties

CARADEC (Dʳ Th.)... La ligue contre les vivisections.
2, VI, 436.

— .. Préjugés bretons sur l'hygiène et les maladies des enfants.
2, VII, 148 ; 2, VIII, 109.

— .. Les idées du grand Mirabeau, en matière d'hygiène infantile.
2, IX, 383.

CHASSANIOL (Dʳ).... La posthotomie au XIXᵉ siècle.
1, IV, 38.

CONSTANTIN (A.).... De la peste bovine ou typhus contagieux des bêtes à cornes, observée à Landerneau, et des moyens hygiéniques qui ont été employés pour la combattre.
1, VII, 175.

CUZENT (G.)........ Epidémie de la Guadeloupe (1865-1866).
1, IV, 365.

— .... Des boissons enivrantes en usage chez les différents peuples.
1, I, 141.

DELPEUCH .... L'escadre de Louisbourg et l'épidémie de Brest en 1757.
2, XXIX, 123.

LE ROUX........... Le vaccin animal.
2, VI, 493.

E

Histoire de l'Art — Musées — Peinture
Musique

Dauriac (L.)...... L'ouverture de *Guillaume Tell*, étude critique.
1, VIII, 39.

Examen d'une exclamation de Pascal sur la peinture.
2, XVI, 243.

Hombron (H.)...... Notice sur la réparation des peintures à l'huile.
1 VII, 224.

— ...... Promenade au musée de Rennes.
1, VIII, 240.

Lécureux (Th.).... Revue musicale de l'année 1869.
1, VII, 73.

— .... Causerie musicale (année 1870).
1, VII, 193.

Le Guen, Vilmer et Hombron Objets d'art existant dans l'arrondissement de Brest.
2, IV, 385.

Lorme (A. de)..... Philibert de l'Orme et son œuvre.
2, XVI, 113

— ..... L'art architectural français au Moyen-Age.
2, XVII, 357.

— ..... Introduction à l'histoire de l'art.
2, XVIII, 145.

Lorme (A. de)..... L'art breton, du XIIIe au XVIe siècle :

Michel Colomb.

2, XXI, 5.

Saint-Pol de Léon.

2, XXII, 5.

L'église de Gouesnou.

2, XXIII, 23.

Michel Colomb et Anne de Bretagne.

2, XXIV, 5.

Saint-Thégonnec.

2, XXVI, 103.

Guimiliau et ses monuments.

2, XXVII, 83.

Vannes et sa cathédrale.

2, XXVIII, 3.

La Roche-Maurice.

2, XXIX, 3.

Le village, l'église et l'ossuaire de Lampaul-Guimiliau.

2, XXX, 7.

L'église, le calvaire et l'ossuaire de Pencran.

2, XXX, 119.

—   ..... Saint-Divy.

2, XXXIV, 137.

—   ..... L'art à Brest au XVIIIe siècle. Jacques-André Portal, dessinateur du Roy.

2, XXV, 121.

—   ..... La noble cité d'Urbin et Raphaël.

2, XXX, 89.

—   ..... Musée d'art et de religion à Brest.

2, XXXI, 181.

LORME (A. DE)..... De la croix aux calvaires, en Bretagne et dans le Finistère.
2, XXXI, 195.

—   ..... Calvaire de Guimiliau.
2, XXXI, 219

—   ..... Calvaire de La Martyre.
2, XXXI, 221.

PAYEN (E.)......... Remarques sur quelques points
de l'histoire du dessin.
2, XI, 377.

RIOU (A.).......... Quelques tableaux du musée de
Brest.
2, VI, 1.

VIII

ARCHEOLOGIE — NUMISMATIQUE
INSCRIPTIONS

CARBONNIER (P.).... Découverte d'une station préhistorique dans le département de
la Seine.
2, II, 162.

CLÉREC .... Rapport sur la pierre tombale de
Landévennec.
1, I, 361.

DELAVAUD (C.)..... Note sur une forêt sous-marine,
dans l'anse de Sainte-Anne.
1, I, 36.

DENIS-LAGARDE .... Une monnaie de l'empereur Gra-
tien.
1, I, 83

Denis-Lagarde .... Notice sur des monnaies romaines.

1, II, 123.

— .... Description de quelques monnaies récemment découvertes en Bretagne.

1, II, 331.

— .... Poids monétaire du temps de Henri II.

1, II, 346.

— .... Notice sur une découverte de monnaies romaines.

1, III, 94.

— .... Armes et ustensiles celtiques.

1, III, 124.

— .... Etude sur la colonne milliaire de Kerscao.

1, IV, 20.

Devoir (A.)........ L'Armorique (population et monuments préhistoriques).

2, XXIV, 147.

Flagelle .... Notes sur l'existence de ruines près de Landerneau.

1, V, 520.

— .... Notes archéologiques sur le département du Finistère.

2, IV, 1.

Gossin (H.)........ Les arènes de Paris.

1, VII, 17.

Grenot (A.)....... Relation d'une fouille pratiquée au Souc'h.

1, VII, 140.

— .... Relation des fouilles exécutées à la Tourelle, près de Quimper.

1, VII, 391.

Grossin (L.)....... Notes sur l'orientation des mégalithes.

2, XXIII, 117.

Grossin (L.)....... Notes sur la position fortifiée de Pen-Ledan.

2, XXV, 195.

Guénin (G.)........ La déesse gallo - romaine des eaux.

2, XXXIV, 75.

Guichou de Grandpont..... Notice sur des jetons français à emblèmes maritimes.

1, II, 349.

Jardin (Ed.)....... Note sur les antiquités de la Vera-Cruz.

1, VIII, 232.

—   .... Ethno-conchologie (étude de la monnaie primitive).

2, XVII, 391.

Jarno (A.)......... Notes d'archéologie.

2, XXIX, 87.

—   .... Découverte d'une sépulture dans le village de Keranmoal.

2, XXXII, 267.

Le Guen (P.)....... Exploration archéologique de Kélorn, en Kerlouan (Finistère).

2, V, 321.

—   ..... Observations sur les résultats des fouilles de Kélorn. Boulets de pierre trouvés à la Roche-Morice.

2, VI, 400.

—   ..... Exploration archéologique à Guisseny (Finistère).

2, VII, 1.

Le Jannic de Kervizal .... Une explication de la pierre tombale de l'église Saint-Louis de Brest.

2, XXIV, 171.

Mauriès .... Lettre à M. Levot, au sujet d'une
inscription qui se trouve sur
la fontaine de la rue de l'Eglise, à Recouvrance.

1. IV. 320.

— .... Inscription latine d'une fontaine
à Saint-Pierre Quilbignon.

1, V, 174.

— .... Mémoire sur quelques monnaies,
médailles et jetons offerts à la
Société Académique de Brest.

1, VII, 439

— .... Rapport sur la découverte d'un
tumulus près de Kerhuon.

1, VIII, 131.

Riou (A.).......... Le crâne et la hache des allu-
vions de Penhouët, à Saint-
Nazaire.

2, VI. 249.

IX

NECROLOGIE

(Notices et Discours)

Allain (A.), avocat. 2, X, 421.

Ansart, capitaine de frégate en retraite.

2, XII, 414.

Audouard, chef d'escadron d'artillerie de marine, en
retraite (Discours prononcé aux obsèques par
M. Langeron). 2, XX, 475.

Berdelo, ancien chirurgien-major de la marine (Notice nécrologique par M. Levot). 1, V, 205.

Bermond, capitaine de vaisseau. 2, IX, 413.

Bizet, ancien maire de Brest (Notice nécrologique par M. Levot). 1, V, 193.

Bizeul (Notice nécrologique par M. Levot). 1, III, 261.

Borius (Dʳ). 2, X, 420.

Caradec (Dʳ Th.). 2, IX, 413.

Caradec (Dʳ L.). 2, XIII, 341.

Chabal (Notice nécrologique par M. E. Bellamy). 1, II, 49.

Chassaniol (Dʳ). 2, VIII, 446.

Chevé (Notice nécrologique par M. Levot). 2, V, 13.

Constantin (Notice nécrologique par M. Coutance). 2, VI, 115.

Coutance, pharmacien en chef de la marine en retraite, Président de la Société Académique, mort le 17 février 1895 (Discours prononcés aux obsèques). 2, XX, 479.

Cras (P.), médecin en chef de la marine. 2, XIV, 417.

Cuzent (G.), pharmacien de la marine. 2, XVI, 275.

Daudy, professeur au lycée. 2, IX, 414.

David (Notice nécrologique par M. Mauriès). 1, VIII, 59.

Denis-Lagarde (Notice nécrologique par M. Levot). 1, IV, 212.

Despinois. 2, IX, 414.

Didelot (vice-amiral baron). 2, XII, 413.

Duchateau (aîné), architecte. 2, XII, 415.

Du Chatellier, membre correspondant de l'Académie des sciences morales et politiques. 2, X, 421.

Duseigneur (Notice nécrologique par M. Levot). 2, V, 1.

Duval (Notice nécrologique par M. Mauriès). 1, VIII, 121.

Féris (B.), médecin-professeur de la marine.
2, XI, 458.

Ferrand (Discours prononcé aux obsèques par M.
Delourmel).   2, XXXIII, 298.
Halligon (contre-amiral J.).   2, XV, 344.
Halligon (L.), ancien notaire.   2, XII, 415.
Hétet (Fr.), pharmacien en chef de la marine.
2, XIV, 416.
Huard (Dᵣ).   2, IX, 414.
Jardin (E.), inspecteur de la marine en retraite.
2, XXI, 410.

La Barre-Duparcq (colonel de), Ex-Président de la
Société Académique (Notice nécrologique par M.
Coutance).   2, VI (xvi).

Le Guen, chef d'escadron d'artillerie.   2, XIV, 417.

Levot, bibliothécaire du port de Brest, Président de
la Société Académique (Discours prononcés aux
obsèques par MM. Penquer et Pradère).
2, IV (x).

Mauriès, bibliothécaire de la ville de Brest. 2, XI, 458.
Mével (E.).   2, VIII, 448.
Michel (Dᵣ).   2, X, 421.
Morel (Notice nécrologique par M. Mauriès).
1, V, 337.

Paris (Notice nécrologique par M. Levot).   2, V, 21.

Penquer (Dᵣ A.), ancien maire de Brest, mort le 18
décembre 1882.   2, VIII, 445.

Penquer (Mᵐᵉ A.), morte le 19 décembre 1889 (Discours prononcé aux obsèques par M. Coutance).
2, XV, 342.

Perrier (Sir Anthony), consul de S. M. Britannique
à Brest (Notice nécrologique par M. Levot).
1, V, 475.

Pradère-Niquet (O.), agent comptable de la marine. 2, XVI, 276.

Riou-Kerhalet (Notice par M. Allanic). 1, II, 119.

Rosuel, négociant. 2, XII, 415.

Schiavetti-Bellieni (Notice nécrologique par M. Ortolan). 1, VIII, 311.

Turiault, commissaire adjoint de la marine en retraite (Discours prononcé aux obsèques par M. Coutance). 2, XIII, 340.

Villiers, député du Finistère. 2, X, 421.

Violeau (H.), archiviste de la ville de Brest, mort le 24 avril 1892 (Discours prononcé aux obsèques par M. Coutance). 2, XVII, 521.

X

Planches, Dessins, Vues et Plans hors texte

Contenus

Dans les Bulletins de la Société Académique

A

Plans divers intéressant Brest et l'arrondissement

Pont impérial de Brest. 1, II.

Plans du château de Brest en 1631, 1670, 1762 ; portail et substructions romaines, tour d'Azinor et donjon du château. 1, III.

Extrait du plan général des emplacements aux environs de la vieille Corderie et de la Forme de Brest. 2, XIII.

Brest entre 1576 et 1595 ; Brest vers 1652 ; Brest en 1742 (plan du quai). 2, XV.

« Plan géométriquement relevé de la ville et chasteav de Brest avec le bovrg de Recovvrance et le territoire adjacent à l'vn et à l'avtre de ces devx lievx. » [1666]. 2, XXVII.

Plan d'une partie de Recouvrance (1688). 2, XXVII.

Plan de Landerneau en 1871 (au 1/10.000ᵉ). 1, VII.

« Topographia Abbatia Sᵗⁱ Mathæi infinibus terra. » 1, VIII.

Souvenirs de l'ancienne abbaye de Daoulas. 2, III.

Schéma distributif de la cathédrale de Saint-Pol de Léon. 2, XXII.

Le château de Trémazan. 2, XXIX.

B

Plans et dessins divers intéressant l'archéologie et la numismatique

Borne milliaire de Kerscao. 1, IV.

Sept plans de l'emplacement de ruines près de Landerneau. 1, V.

Pierre tombale provenant de l'ancienne abbaye de Landévennec. 1, I.

Tombeau de Robert, sire de Kergroadez (1315) ; — Morceau de ce tombeau ; — Tombeau d'une demoiselle Du Chastel (1400) ; — Pierres provenant des côtés de ces tombeaux.   1, I.

Pierre aux armes d'Anne de Bretagne, trouvée dans les déblais de la tour dite : Molte Tanguy.   1, III.

Armes et ustensiles celtiques trouvés à Lampaul-Plouarzel.   1, III.

Fouille pratiquée au Souc'h (trois planches).   1, VII.
Objets divers trouvés près de Losmarc'h, près Crozon.   2, XXIX.

Calvaire de Saint-Divy ; Bénitier style Renaissance (église Saint-Divy).   2, XXXIV.

*
**

Les impératrices romaines aux Ier et IIe siècles, d'après les médailles de Camaret.   1, III.

Fac-simile des monnaies, médailles et jetons offerts à la Société Académique de Brest.   1, VII.

Médailles romaines trouvées en Crozon et à Kersaint-Plabennec.   2, XXIX.

C

Dessins, vues et cartes intéressant les voyages

Morne du cimetière de Pointe-à-Pitre.   1, IV.

Carte des îles Gambier.   1, VII.

Formation des récifs et des îles Madréporiques.   1, VII.

Pavillons des îles de la Société.   1, VII.

Attributs du service de table du roi des Gambiers ; —
Pavillon des îles Gambier créé par le capitaine
Maurue, en 1832, et remplacé en 1844 par le pa-
villon tricolore français.   1, VII.

Le Mont-Duff, village de Mangariva.   1, VII.

Anthropophages de l'île Blight (archipel des Pomotu),
d'après une photographie.   1, VII.

Carte de l'Islande, en 1866.   2, I.

Croquis de la baie de Tourane.   2, XV.

Plan de la citadelle de Saïgon construite par le colonel Ollivier et détruite par Ming-Manh, en 1834.
                                                   2, XV.

Plan de la citadelle de Saïgon, prise par les Français
en 1859.   2, XV.

Cartouche et inscription en niellures d'argent sur le
renfort d'un canon annamite en bronze.   2, XV.

TABLE DES MATIÈRES

PAGES

Liste des Présidents de la Société Académique depuis
sa fondation..................................... 3

Table de concordance des bulletins.................. 5

Table alphabétique par noms d'auteurs............. 7

TABLE ANALYTIQUE

I. — LINGUISTIQUE ET LITTÉRATURE :

    A. Linguistique 53

    B. Récits, nouvelles, comédies en prose...... 53

    C. Poésies et chansons bretonnes............ 55

    D. Poésies diverses......................... 56

    E. Comédies, drames, pièces en vers........ 62

    F. Traductions diverses.................... 63

    G. Etudes littéraires........................ 64

II. — LÉGENDES ET COUTUMES BRETONNES.............. 67

III. — HISTOIRE :

    A. Etudes diverses sur la Bretagne.......... 68

    B. Etudes diverses sur le Finistère.......... 70

    C. Etudes diverses sur la ville de Brest....... 72

IV. — BIOGRAPHIES................................. 78

V. — GÉOGRAPHIE. VOYAGES. RELATIONS DE CAMPAGNES... 80

PAGES

VI. — Mélanges historiques. Etudes diverses........   84

VII. — Sciences et Arts :

    A. Histoire naturelle. Botanique. Géologie. Paléontologie   87

    B. Plupique. Chimie. Mécanique. Mathématiques   89

    C. Astronomie. Météorologie. Climatologie....   92

    D. Médecine. Epidémies. Epizooties..........   93

    E. Histoire de l'art. Musées. Peinture. Musique.   94

VIII. — Archéologie. Numismatique. Inscriptions......   96

IX. — Nécrologie (notices et discours)...............   99

X. — Planches, dessins, vues et plans hors texte contenus dans les Bulletins de la Société Académique :

    A. Plans divers intéressant Brest et l'arrondissement   102

    B. Plans et dessins divers intéressant l'orchéologie et numismatique.................   103

    C. Dessins, vues et cartes intéressant les voyages   104

www.ingramcontent.com/pod-product-compliance
Lightning Source LLC
LaVergne TN
LVHW021740170726
843503LV00004B/1641